# 像林徽因一样完美

李智艳 著

中国纺织出版社

## 内 容 提 要

她从人间四月天走来，宛若白莲，顾盼生辉。她是林徽因，游走在再别康桥的诗句里，穿梭在古建筑的名词间，换得一世情缘，三生爱恋，千篇赞颂。无论岁月静好，还是时代激荡，她始终面不改色，优雅前行，用蕙质兰心，照亮一方天地。她是诗人徐志摩的痴恋，是建筑师梁思成的贤妻，是学者金岳霖的挚爱。她的诗句优美灵动，她的建筑成就斐然。她是女人渴望成为的范本，是男人眼中的女神。本书从自我、事业、婚姻、爱情、社交等几个方面展现了林徽因的别样人生，给当下的女性朋友以启迪和智慧。

**图书在版编目（CIP）数据**

像林徽因一样完美 / 李智艳著. —北京：中国纺织出版社，2015. 7（2024.1重印）

ISBN 978-7-5180-1521-4

Ⅰ.①像… Ⅱ.①李… Ⅲ.①林徽因（1904~1955）-生平事迹 Ⅳ.①K826.16

中国版本图书馆CIP数据核字（2015）第074992号

---

策划编辑：郝珊珊　　责任印制：储志伟

---

中国纺织出版社出版发行

地址：北京市朝阳区百子湾东里A407号楼　邮政编码：100124

销售电话：010—67004422　传真：010—87155801

http：//www.c-textilep.com

E-mail：faxing@c-textilep.com

中国纺织出版社天猫旗舰店

官方微博http：//weibo.com/2119887771

北京兰星球彩色印刷有限公司印刷　各地新华书店经销

2015年7月第1版　2024年1月第3次印刷

开本：710×1000　1/16　印张：14.5

字数：144千字　定价：48.00元

---

# 前言

在当今世人口中，关于林徽因的故事，听到最多的还是她的感情，那三个爱了她一辈子又都各有建树的男人：梁思成、徐志摩、金岳霖。人们纠结于她爱谁不爱谁，但可以肯定的是，那三个男人确是真的都爱着她的。

她实现了很多女人心里都有的梦想，有一个深爱自己的丈夫，还有一个忘不了自己的初恋，以及一个为自己终身不娶的男人，而且这三个男人还都接受她并心甘情愿。他们之间的爱真的就如同这人间的四月天，纯洁而又美丽，令人动容……

按照现代社会的标准，感情不是女人的全部，而她在事业上的辉煌也无比耀眼。作为中国第一位女性建筑学家，她一生实地勘察了2000余处中国古代建筑遗迹，她一生都在追求自由，一直在用双脚丈量人生。作为新中国建筑领域的开拓者，她学术上的成就无法磨灭，她和丈夫梁思成一起奠定了中国古代建筑研究的坚实科学基础，她的研究为保护中国的古建筑作出了不可磨灭的贡献。她还亲自主持并参与了国徽和人民英雄纪念碑的设计。

如果觉得这样一个女人必定是刻板无趣的，那么，她留下的大量优美的诗歌、散文、小说和戏剧作品，不仅奠定了她在文学史上的地位，同时也能证明她的高雅情趣；如果要衡量她的性情，那么，她那高朋满座的“太太客厅”，无论是在她生前还是身后，朋友们对她众口一词的称赞足以证明她的品格；如果要翻查她的家世，那么，无论是她自家的显赫，还是夫家的夺目都可以印证她那优良的基因；如果要挑剔她的美貌，那么，无论是见过她的人还是她留下的那些影像资料，都足以说明她的美丽；如果还要记起她的坚忍与真诚，那么她一生的病痛以及伴随梁思成考察的那些不可计数的荒郊野地里的民宅古寺足以证明。

她一生只活了51岁，但她的生命灿烂而且夺目，她是一个站在塔尖上的女人，集美丽、才华、家世于一体，她有爱情、有事业、有婚姻，当今女性所渴求的一切她都拥有，这样一个近乎完美的女人，实在是令世人惊叹！

世上有一种人总是让人难以忘怀，纵然已被时光覆盖，当你不小心碰触到那斑驳的历史，仍然掩不住她那璀璨耀眼的光辉。林徽因就是有着这样一个美丽光华的人。

本书展示林徽因完美的一生，与读者一起看她的故事，感悟自己的人生，从她身上学习她的智慧与风采，做像林徽因一样的完美女人。

李智艳
2015年5月

# Contents

# Contents

## Part 8 “经营”婚姻用情更需用“心”
——像林徽因一样把婚姻变成快乐天堂

## Part 9 家人是我人间的四月天
——像林徽因一样爱自己家人



## 附　录

Part 1

# 做女人当如林徽因——像林徽因一样绽放出全部美丽

## 美女就要美出气氛

林徽因的美是一种姿态，是一种独特的生活方式，是对生活的肯定与赞赏，是徐志摩笔下“最是那一低头的温柔，像一朵水莲花不胜凉风的娇羞”。在有生之年，她绽放出了生命中的全部美丽，活出了完美的自我，渲染出了一个时代的气氛。

### 民国第一美女

只要是女人，每个人均争相想当美女，但是每个时代美女基准皆不同，什么样的女人才能称得上是美女呢？一个美女，仅凭动人的相貌和姣好的身材是不够的，还要配以知性、个性才行。

林徽因是那个时代公认的美女，俏丽的容貌、良好的修养、得体的举止以及渊博的知识，使她有“民国第一美女”之称。不少曾经见过林徽因的人，都为她的美貌而倾倒。先不说与林徽因一起长大的堂姐堂妹们，她们几乎都能将她当年的衣着打扮、举止言谈细致入微地描绘出来，当年还是个小姑娘的林徽因已足以令众生倾倒。后来有人就美貌问题询问过与林徽因生活在同时代的著名女作家冰心："林徽因与陆小曼谁更美？"冰心回答说："林徽因俏，陆小曼不俏。"

女教授全震寰也听过林徽因讲课，也有回忆：

林徽因每周来校上课两次，用英语讲授英国文学。她的英语流利，清脆悦耳，讲课亲切，活跃，谈笑风生，毫无架子，同学们极喜欢她。每次她一到学校，学校立即轰动起来。她身着西服，脚穿咖啡色高跟鞋，摩登，漂亮，而又朴素高雅。女校竟如此轰动，有人开玩笑说，如果是男校，就听不成课了。

作家萧乾是林徽因的好友之一，他的夫人文洁若曾在所著的《才貌是可以双全的——林徽因侧影》一书里说："林徽因是我生平见过的最令人神往的东方美人。她的美在于神韵——天生丽质和超人的才智与后天良好高深的教育相得益彰。"

作家陈衡哲之妹陈衡粹提起初次见到林徽因时的情景，那是1930年的春夏之交，在香山上，当时她被林徽因的美貌所震惊：

有一天同一位朋友上山游览，半山上一顶山轿下来，我看见轿子里坐着一位年轻女士。她的容貌之美，是生平没有见过的。想再看一眼，轿子很快下去了。我心中出现"惊艳"两字。身旁的人告诉我，她是林徽因。用什么现成话赞美她？"闭月羞花""沉鱼落雁"等都套不上，她不但天生丽质，而且从容貌和眼神里透出她内心深处骨头缝里的文采和书香气息。

在我可怜的词汇中找不出可以形容她的字眼，她给人的是一种完整的美感：是她的神，而不全是貌，是她那双凝神的眼睛里深深蕴藏着的美。

## 美得有如传奇

在同代人的记忆中，林徽因的美有如传奇。在众多的赞誉中，徐志摩的原配夫人张幼仪对林徽因的评价道出了她之所以为人所赞赏的真正原因："徐志摩的女朋友是另一位思想更复杂、长相更漂亮，双脚完全自由的女士。"

用文洁若的话来说，林徽因的美是"天生丽质和超人的才智与后天良好高深的教育相得益彰"。所以虽说青春逝去，但林徽因的美却经住了时光的磨洗。文洁若提起1948年在清华大礼堂见到已经44岁的林徽因时的情景说：

一会儿，林徽因出现了，坐在头排中间，和她一道进来的还有梁思成和金岳霖。开演前，梁从诫过来了，为了避免挡住后面观众的视线，他单膝跪在妈妈面前，低声和妈妈说话。林徽因伸出一只纤柔的手，亲热地抚摸着爱子的头。林徽因的一举一动都充满了美感。

文洁若还感慨道："没想到已生了两个孩子，年过40的林徽因，尚能如此打动同性的我。"是怎样的一种美丽，竟然让身为同性的人都那样念念不忘？

林徽因和梁思成的学生，梁思成后来再娶的夫人林洙也是一位大美人，她回忆起初见林徽因时：

啊！我终于见到了这位美人。我不想用细长的眉毛，大大的眼睛，双眼皮，长睫毛，高鼻梁，含笑的嘴，瓜子脸……这样的词汇来形容她。不能，在我可怜的词汇中找不出可以形容她的字眼，她给人的是一种完整的美感：是她的神，而不全是貌，是她那双凝神的眼睛里深深蕴藏着的美。当我正在注视这张照片时，只听卧室的门“嗒”的一声开了。我回转身来，见到林先生略带咳嗽、微笑着走进来，她边和我握手边说：“对不起，早上总是要咳这么一大阵子，等到喘息稍定才能见人，否则是见不得人的。”

即使是对病中的林徽因，她也是印象深刻：“林先生是我所见过的女子中最美的一位，虽然患肺病，可很瘦弱，但还是极美，她的精神特别感人，透过她的身影，可见她的精神之光。”

## 美出一个时代的气氛

美貌并不只是一瞬的永远，还要经得住岁月的推敲，美，就要像林徽因这样，美出气氛才行。这种气氛或许是人淡如菊的优雅，或许是来自于骨子里的自信，也或许是那清爽的走路的样子，以至于全身能散发出不同于他人的精气神。

我们现在看到林徽因的旧照片时，第一反应是很清秀，这是个长得非常端正的女子，但若要用时下的审美观来看待，似乎，也难以和“第一”或“绝世”这样的词汇靠在一起。可是，她却是那个时代当之无愧的美女，仔细观看她的面容，竟觉得越看越有惊艳的感觉，也许是她沉淀下来的那份美感，竟然突破了时光的阻隔，隔着那遥远的时空，竟也感觉到了她生命的张力，也许，这就是美女气氛吧。

在近现代史上，鲜有女子可以像林徽因这般活得潇洒、肆恣，被人仰望。她似乎是完美女人的标杆，吸引着现代女性争相效仿，只是她的美，她的气质，她的智慧，她的神韵，又有几人能够模仿得来呢？她属于自己的时代，无限风华，若我们能捕捉其灵韵一二，就足以使整个人生美妙绝伦了。

**文洁若小百科**

文洁若，萧乾的第四任夫人，1927年生于北京，1950年毕业于清华大学外语系。曾任职于三联书店、人民文学出版社，编审、中国作家协会会员、日本文学研究会理事、中国翻译协会会员。2002年被推选为世界华文文学家协会名誉理事，2004年被评为资深翻译家。著有长篇纪实文学《萧乾与文洁若》、散文集《梦之谷奇遇》、随笔集《旅人的绿洲》、评论集《文学姻缘》等。译著有《高野圣僧——泉镜花小说选》《芥川龙之介小说选》《天人五衰》《东京人》以及与萧乾合译意识流开山之作《尤利西期》等近千万字。曾写有一篇《林徽因印象》，说“林徽因是我平生见过的最令人神往的东方美人”。

## 用爱点亮人生

爱在每个人微笑的酒窝里，在行人帮盲人过马路的温暖的手中，在亲朋好友关切的话语中……爱，不是能用语言完全表达的，只能用生活的全部来诠释它。

### 爱为何物

爱是什么，什么是爱？乍一看，人们首先就会想到是爱情。实际上，爱可以包括灵魂或心灵上的爱、对自己的爱、对食物的爱、对金钱的爱、对名誉的爱、对他人的爱、对社会的爱、对国家的爱等，数不胜数。不同人对爱的表现也不同，由自己而到别人，以自己为中心点不断地扩大，从自己的家庭、亲戚、朋友、小区、单位，慢慢扩展到社会上，扩散到地球的每个角落，直至让这个世界充满爱。

林徽因是幸运的，她的一生都沐浴在爱里。从幼时享受到的祖父祖母毫无保留的宠爱，到父亲几近平等的爱护，母亲平凡而不一般的爱，兄弟姐妹的敬爱，再到来自男士们的热爱，朋友们众星捧月般的爱护，学生们敬若神明般的尊敬之爱……她这一生，可以诉说的爱实在是太多太多。

而她也是真正懂得爱的，她在给老友沈从文的信里说：

如同两个人透彻地了解：一句话打到你心里，使得你理智和情感全觉到一万万分满足；如同相爱：在一个时候里，你同你自身以外另一个人互相以彼此存在为极端的幸福；如同恋爱：在那时那刻，眼所见，耳所听，心所触，无所不是美丽，情感如诗歌自然地流动如花香那样不知其所以。

林徽因的爱也不仅仅是儿女情长，她的爱里更有着民族大义。在乱世里，温文尔雅的林徽因从来都不失中国知识分子的良知和血性，她是真正的女中大丈夫。当时环境十分恶劣，国难当头，林徽因又是肺病复发，家里连买药品的钱都没有，她经常发烧，但她却躺在病床上通读二十四史，积累了丰富的有关古建筑的资料，帮助丈夫梁思成写成了我国第一本建筑史——《中国建筑史》。

## 不要辜负爱

作为民国时最令人瞩目的女人之一，林徽因大抵是没有出现过这种我爱你你却爱着她的窘状，她永远都是最受欢迎的。她的幸福在于，她所爱的，大都是爱她的，而且他们在爱她时，都是坦坦荡荡，所以令她倍感珍惜，即使自己不爱，即使不能爱，也懂珍惜这份难得的情缘，也会善待那些爱她的人。

初遇徐志摩时，她还懵懂，对爱情一知半解，这个男人这样热烈地爱着她，惊坏了这个天真的孩子。收到对方热情如火的情书时，林徽因不知所措，连亲自回信都不敢，父亲替她代笔，委婉地拒绝了这段错缘。之后她更是随着父亲远遁千里，从英伦到国内。没有指责，没有愤慨，也许是有着女孩淡淡的欣喜和骄傲，她对他一直保持着兄长的尊重，这使他们在以后的岁月里能在一个安全的距离里相互凝视、彼此珍惜。

金岳霖，那个据说爱了她一辈子的男人，相见时她已为人妇，有着美满的家庭，爱自己且自己爱着的丈夫。这个男人的感情永远是温婉如玉的，他那样静静地驻守着她，宛如她是这世上最珍贵的奇珍。他们是知己，总能接上对方的思绪，好像本是一体，竟然如此默契。但她保持着自己的最高理智，妥善地处理着自己有点纷乱的感情，对他，对丈夫，依然保持着她最大的尊重。

也许是由于她得到的爱太多，当时或是之后的岁月里都不乏出现贬斥她的声音，是不屑也罢，是嫉妒也罢，她从来不曾在乎过，她只知道，要善待爱自己的人。后人想起她来，发现她竟然是令人难以想象的完美，很少有人能在这些错综复杂的感情中滤清自己，但她却能把这世界上最难处理的感情处理得很好，滴水不漏。

## 爱是一种力量

林徽因给我们留下了什么，是优美的诗句？是专业的著述？是未了的夙愿？还是博大的爱以及不老的传说？或者仅仅是对完美的一种想象和渴念……也许在她的故事里我们能够找到我们想要的所有答案。

林徽因说：“理想的我老希望着生活有点浪漫的事发生，或是有个人叩下门走进来，坐在我对面同我谈话，或是同我同坐在楼上炉边给我讲故事，最要紧的还是有个人要来爱我。”这是她渴望的浪漫，是理想中的她，但是在现实生活中，林徽因是理智的，是率真的。当徐志摩如火般的热情向她袭来，惊慌失措之际，理性战胜了感性的萌动。她在后来跟儿女讲述这段感情的时候，说：“徐志摩当初爱的并不是真正的我，而是他用诗人的浪漫情绪想象出来的林徽因，而事实上我并不是那样的人。”

当金岳霖的真诚令林徽因无法拒绝时，她毫不避讳地向梁思成坦白：“我苦恼极了，因为我同时爱上了两个人，不知道怎么办才好。”徐志摩的爱热烈狂放，金岳霖的爱执着痴情，而梁思成，这个陪伴了林徽因一生的男人，他的爱是涓涓细流，舒缓而绵长。看到林徽因在感情里如此纠结，他给了林徽因充分的自由，他说：“你是自由的，如果你选择了老金，我祝愿你们永远幸福。”就是这样的爱，让林徽因驱散了心头的阴郁，作出了理性的判断，成就了感情生活与事业的平衡。

爱有很多种，它可以如白酒般辛辣而热烈，容易让人醉在其中；可以如咖啡般苦涩而醇香，容易让人为之振奋；也可以如茶般平淡而亲切，让人不知不觉间迷恋。

诗人爱林徽因，并非只因了她的天生丽质和顾盼风姿；世人爱林徽因，也并非只为了她的婉转风流和韵事传奇，因为这个女人，是最后的绝代芳华，是淑婉才女的绝唱。

爱是一种能力，也是一种智慧，有爱的人生才是幸福完美的人生。爱也是一种力量，我们把力量传给别人的同时，也获得了对方的力量。林徽因被大家爱着，她也尽自己所有的力量爱着大家。爱就是以此方式变成永恒……

**徐志摩小百科**

徐志摩（1897～1931），现代诗人、散文家。徐志摩是金庸的表兄。原名章垿，字槱森，留学美国时改名志摩。新月派代表诗人，新月诗社成员。先后就读于上海沪江大学、天津北洋大学和北京大学，是梁启超的弟子。1918年赴美国学习银行学。1921年赴英国留学，入剑桥大学当特别生，研究政治经济学。在剑桥两年深受西方教育的熏陶及欧美浪漫主义和唯美派诗人的影响，开始写诗。代表作品有《再别康桥》《翡冷翠的一夜》等，据说《再别康桥》是为林徽因而作。相对于他的诗，其感情世界也历来令人津津乐道，对原配的绝情离异，对林徽因的热烈追求以及对陆小曼的热闹再婚，都曾弄得满城风雨。

## 扮演好自己的每一个角色

人生就好像一场戏，每个人都有适合自己的角色，要想让整个戏剧浪漫精彩，就需要每个角色将自己最闪光的亮点和最出彩的地方都充分发挥出来，这样的人生才是完美的。

## 世界是个大舞台

莎士比亚说过，“世界是个大舞台，世间的男男女女无非演员而已。他们或粉墨登场或悄然而去，每个人终其一生竟可以扮演多种不同的角色。”在人生的大舞台上，每个人都有着自己的个性，每个人都在扮演着自己的角色。

当我们出生在这个世界上的时候，出生在一个国家，一个地域，一个家庭的时候，我们就很难完全抛开自己的传统，抛开自己的环境，因为抛开这一切，“我”就不是“我”了。我们会担任很多不同的角色——妻子、女儿、母亲、某职员等。有人说过一条很有哲理的生活准则：和大人一起时像大人，和孩子一起时像孩子，和狗一起时像狗……在各种环境扮演着自己不同的角色，工作时严谨上进，娱乐时轻松活力，交际时自如优雅，面对家人时充满爱意。这不是见风使舵，而是一个在社会中能够生活得有意义的人必须具备的能力。

林徽因之所以在现当代被人一再提起，是因为她在每一个方面都做得超乎人想象的完美。在祖父母面前，她是一个乖巧听话聪明伶俐的好孙女；在父亲面前，她是一个聪颖能干且能与父亲平等交流的好女儿；在母亲面前，她是一个让人骄傲自豪的乖女儿；在弟弟妹妹面前，她又是一个懂得照顾人的好姐姐；在恋人面前，她是个百里挑一的好恋人；在朋友面前，她还是个能言善辩、思维敏捷的好朋友……

这么多的身份，这么多的角色，她都一一扮演，并几乎能令所有人都满意，这在一般人看来是不可想象的。因为每个人都有自己的个性，都有不容于他人的一些特质，总会有人不喜欢我们。

## 勇于面对多种角色

费慰梅在回忆录《梁思成和林徽因——一对探索中国建筑的伴侣》中说：

当时，林徽因正在经历着她可能是生平第一次操持家务的苦难。并不是她没有仆人，而是她的家人包括小女儿、新生的儿子，以及可能是最麻烦的，一个感情上完全依附于她的、头脑同她的双脚一样被裹得紧紧的妈妈。中国的传统要求她照顾她的妈妈、丈夫和孩子们，监管六七个仆人，还得看清楚外边来承办伙食的人和器物，总之，她是被要求担任法律上家庭经理的角色。这些责任要消耗掉她在家里的大部分时间和精力。

显而易见，林徽因身兼数职，她不仅是一个作家，一个建筑学家，还是一个妻子，一个父亲，更是两大显赫家族的“中枢神经”。她必须要扮演好自己的各种角色，抛开文字与荣耀，她不得不面对诸多的家庭事务。

林徽因对约定俗成的限制是反抗的。她不仅在英国和美国，而且早年在中国读小学时都是受的西方教育。她在国外过的是大学生的自由生活，在沈阳和思成共同设计的也是这种生活。可是此刻在家里一切都像要使她铩羽而归。她在书桌或画板前没有一刻安宁，可以不受孩子、仆人或母亲的干扰。她实际上是这十个人的囚犯，他们每件事都要找她做决定。当然这部分也是她自己的错。在她关心的各种事情当中，对人和他们的问题的关心是压倒一切的。她讨厌在画建筑草图或者写一首诗的当中被打扰，但是她不仅不抗争，反而把注意力转向解决紧迫的人间问题。

在梁家起居室的乱七八糟的生活方式中，老是有一些事情发生，特别是那忠心耿耿的女佣人陈妈经常要出出进进，把一些麻烦事告诉徽因，要她作决定，每一件麻烦事，不论是发生在家里还是在隔壁人家，都要以这种方式提交徽因去想办法。

费慰梅写道。

林徽因是一个思想独立的女子，所以当诸多的家庭事务向她袭来的时候，她没有被折腾得焦头烂额，也没有退避三舍，而是尽心竭力，将一切事务都处理得井井有条。林徽因是优秀的，面对生活赋予她的任何角色，她都能诠释得很好。

在徐志摩逝世4周年的时候，林徽因写了一篇《纪念志摩去世四周年》的散文，文中写道：

说到你的诗，朋友，我正要正经的同你再说一些话。你不要不耐烦。这话迟早我们总要说清的。人说盖棺定论，前者早已成了事实，这后者在这四年中，说来叫人难受，我还未曾读到一篇中肯或诚实的评论，虽然对你的赞美和攻讦由你去世后一两周间，就纷纷开始了。但是他们每人手里拿的都不像纯文艺的天秤；有的喜欢你的为人，有的疑问你私人的道德；有的单单尊崇你诗中所表现的思想哲学，有的仅喜欢那些软弱的细致的句子，有的每发议论必须牵扯到你的个人生活之合乎规矩方圆，或断言你是轻薄，或引证你是浮奢豪侈！朋友，我知道你从不介意过这些，许多人的浅陋老实或刻薄处你早就领略过一堆，你不止未曾生过气，并且常常表现怜悯同原谅；你的心情永远是那么洁净；头老抬得那么高；胸中老是那么完整的诚挚；臂上老有那么许多不折不挠的勇气。但是现在的情形与以前却有稍稍不同，你自己既已不在这里，做你朋友的，眼看着你被误解，曲解，乃至谩骂，有时真忍不住替你不平……

字里行间，都透露出林徽因对徐志摩的纪念之情，但是却是以朋友的身份，为徐志摩辩论是非，再无其他。

## 他们眼中的林徽因

作为丈夫，梁思成曾这样对林徽因说：“拉斯金的演讲词中说：‘真正的妻子，她无论走到什么地方，家便围绕着她出现在什么地方……’对于我来说，你就是我的中心，你在哪里，我就要跟随着你去哪里，你在哪儿，我们的家就在哪儿。你就像是我的心灯，让我再也不是孤单一个人面对黑夜了。” 徽因羞涩地说：“你应该去做个诗人!” 徽因知道，自己的爱情和梦想，以后就和这个叫梁思成的男人紧紧拴在一起了。

作为朋友，沈从文说林徽因是“绝顶聪明的小姐”，萧乾称林徽因是“聪慧绝伦的艺术家”，费慰梅认为她“能够以其精致的洞察力为任何一门艺术留下自己的印痕”。就连冰心也说：“她很美丽，很有才气。”

作为孩子，梁从诫在回忆中写道：

她的诗本来讲求韵律，由她自己读出，那声音真是如歌。她也常常读古诗词，并讲给我们听，印象最深的，是她在教我读到杜甫和陆游的“剑外忽传收蓟北”“家祭无忘告乃翁”，以及“可怜小儿女，未解忆长安”等名句时那种悲愤、忧愁的神情。

“她是一位用成年人的平等友谊来代替对孩子的抚爱的母亲。”

这就是林徽因，优秀到简直无可挑剔。而扮演好生命中的每一个角色，是尊重别人，更是尊重自己，是对别人负责，更是对自己负责的一种表现。

**冰心小百科**

冰心（1900～1999），原籍福建福州长乐横岭村人。原名谢婉莹，笔名冰心。取“一片冰心在玉壶”为意。著名诗人、作家、翻译家、儿童文学家。曾任中国民主促进会中央名誉主席，中国文联副主席，中国作家协会名誉主席、顾问，中国翻译工作者协会名誉理事等职。有小说集《超人》《去国》《冬儿姑娘》，小说散文集《往事》《南归》，散文集《关于女人》，以及《冰心全集》《冰心文集》《冰心著译选集》等。她的作品被译成多种外文出版。1933年10月，冰心发表文章《我们太太的客厅》，据说描述了梁思成与林徽因家中的文化沙龙，常做客梁家的有文艺界精英：徐志摩、金岳霖、胡适、沈从文和萧乾等，此地为当时北平第一沙龙。

# 为生命而歌

歌德说："能将生命的终点和起点连接到一起的人才是幸福的人。"人生本来就是一次漫长而艰辛的旅程，生命中的每一个瞬间，都是一颗闪亮的珍珠。无数的历史事实告诉我们：生命创造了辉煌，辉煌又延续了生命。

## 对生命始终充满热情

1945年，在重庆为林徽因诊治的美国胸外科专家里奥·埃娄塞尔博士发现她的双肺和一侧肾已被结核菌严重侵染，便推测她活不过5年。她冰雪聪明，没有探问这个检查结果，似乎早已明白。她只是悄悄地、匆匆地汇集一批又一批建筑资料，写论文，写诗，显得分外忙碌。此时她写的《人生》这首诗中，说："人生，你是一支曲子，我是歌唱的。"是啊，她是一个生命的歌者，对生命始终都充满着热情。

1933年11月初，一个星期六的下午，萧乾做客林徽因家中，见到病中的女主人，不禁感慨道：

听说徽因得了很严重的肺病，还经常得卧床休息。可她哪像个病人，穿了一身骑马装……她说起话来，别人几乎插不上嘴。徽因的健谈决不是结了婚的妇人的那种闲言碎语，而常是有学识、有见地、犀利敏捷的批评……她从不拐弯抹角，模棱两可。这种纯学术的批评，也从来没有人记仇。我常常折服于徽因过人的艺术悟性。

这番话，也可以说是林徽因一生为人处世的真实写照。

## 面对死亡，那样超脱

战乱时期，林徽因一家流离失所，从北平一路南下长沙到昆明，为了配合工作需要又搬到四川李庄，一待就是6年。这段时间大概是林徽因一生中情绪最抑郁的时期。困于战争与疾病，几乎失去和所有朋友的联系。关于这6年，林徽因曾经在给知交好友费慰梅的信里写着：

我们遍体鳞伤，经过惨痛的煎熬，使我们身上出现了或好或坏或别的什么新品质。我们不仅体验了生活，也受到了艰辛生活的考验。我们的身体受到了严重的损伤，但我们的信念如故。现在我们深信，生活中的苦与乐其实是一回事。

这6年，病榻上的阅读成了她最大的享受。虽身患重病，但她仍保持自己对生命的热度，保持着她的创造天赋和坚毅乐观态度，并以此感染周围的人。梁思成曾说："在战争时期的艰难日子里，营造学社的学术精神和士气得以维持，主要应归功于她。她在李庄完成了诗作《一天》《忧郁》等，论文《现代住宅设计的参考》；协助梁思成编著英文注释的《图像中国建筑史》，更不要说梁思成在李庄完成了中文的《中国建筑史》；试图把他和营造学社其他成员过去12年中搜集到的材料系统化。”

林徽因有一次和儿子梁从诫聊天，儿子问道：“如果日本人打到四川你们怎么办？”林徽因特别平静地回答：“中国读书人不是还有一条老路吗？咱们家门口不就是扬子江吗？”她这种对生命的从容，表现了传统知识分子的气节。梁从诫后来说：“我当时看着妈妈，我就觉得她已经不是我熟悉的那个妈妈了，她好像变成另外一个人，面对死亡，那样超脱。”对待生命，她一直都是从容而超脱的。

## 生命的奇迹

1954年入秋以后，林徽因病情开始急剧恶化，“每天都在床上艰难地咳着、喘着，常常整夜不能入睡。她的眼睛仍然那样深邃，但眼窝却深深地陷了下去，全身瘦得叫人害怕，脸上见不到一点血色”。她那璀璨的一生，至此已经走到了最后的关头。

其实，从1945年被医生警告最多只能活5年开始，林徽因的生命就已经时时笼罩在死亡的阴影中了。但她奇迹般地坚持到1955年，这分分秒秒，都是她以强大的精神力和生命力，从死亡边缘所努力争回的，就像1947年秋她写给费慰梅的信中说的那样：“你看，我就这样从水深火热中出来，又进行了这些所谓‘不必要的活动’，要是没有这些，我早就死了，就像油尽灯枯——暗，暗，闪，闪，跳，跳，灭了！”

林徽因的生命奇迹，在于她对生命的敬意，对生的热爱和渴望。世间因为有了生命，才有了勃勃生机。当我们看到石缝间的生命奇迹时，不禁赞叹而感动落泪。环境的阻止受限下，生命延续的渴望还是不可抑制的，对于自然环境的因素有时或许的确存在一些无奈，适者生存的自然规律时时刻刻都在对生命的存在进行着考验。无论多么弱小的生命都是一种奇迹。

**林徽因作品**

### 人 生

人生，
你是一支曲子，
我是歌唱的；

你是河流
我是条船，一片小白帆
我是个行旅者的时候，
你，田野，山林，峰峦。

## ……如此便可不后悔

什么样的人生是不后悔的？也许只有到了离开的时候才能真正评价，我们这一生该做的、想做的、能做的是否都已经做完，能做好的是否完美，我们的人生是否完满。

## 离人的眼泪

1955年1月，梁思成和林徽因先后入院，梁思成病情稍有好转后，每天都到林徽因病房中陪伴她。到3月底，林徽因开始一直发着高烧，并经常昏迷不醒。尽管北京同仁医院已经组织了当时最有经验的医生进行抢救，可是她的肺部大面积感染，一直高烧不退，身体极度虚弱，到了几近崩溃的边缘，她的生命也到了快油尽灯灭的时候。

3月31日的深夜，从昏睡中醒来的林徽因突然叫着梁思成的名字，“我想见一见思成，”林徽因的声音极其微弱，但十分清晰，“我有话要对他说。”护士轻声回道：“夜深了，有什么话明天再说吧。”然而，林徽因没有等到“明天”。这天晚上，同仁医院打电话告诉她的女儿梁再冰：林徽因病危。梁再冰赶到医院时，林徽因就已经昏迷不醒、人事不知了。护士把住在隔壁的梁思成搀扶过来，从不流泪的他哭得不能自已，坐在床前不断地重复：“受罪呀！受罪呀！徽你真受罪呀！”肺部的感染像一场大火蔓延着，她的生命最后被这熊熊的火焰吞灭了。

1955年4月1日清晨6时20分，当夜色一点点褪尽，曙光一点点透进病房时，林徽因静悄悄地离开了人间，这一年，她51岁。她最后的几句话，竟没有机会说出。

1955年4月1日清晨6时20分，当夜色一点点褪尽、曙光一点点透进病房时，林徽因静悄悄地离开了人间，这一年，她51岁。

## 消逝的四月天

金岳霖听到噩耗时，在办公室里，他留下了自己的学生周礼全，当整间办公室只剩下他们两个人时，先是沉默，后来突然说："林徽因走了！"一向冷静而理智的金岳霖也悲伤得肝肠欲断，周礼全回忆说："他两只胳臂靠在办公桌上，头埋在胳臂中，他哭得那么沉痛，那么悲哀，也那么天真，我静静地站在他身旁，不知说什么好：几分钟后，他慢慢地停止哭泣。……擦干眼泪，静静地坐在椅子上，目光呆滞，一言不发。"

同一个春天，得知消息的萧乾立即给梁思成去了一封吊唁信。萧乾为林徽因的早逝而叹息："这位出身书香门第，天资禀赋非凡，又受到高深教育的一代才女，生在多灾多难的岁月里，一辈子病魔缠身，战争期间颠沛流离，全国解放后只过了短短6年就溘然离开人间，怎能不令人心酸！"

4月2日，《北京日报》刊登讣告，治丧委员会由张奚若、周培源、钱端升、钱伟长、金岳霖等13人组成。林徽因的追悼会在金鱼胡同贤良寺举行。众多的花圈和挽联中，金岳霖、邓以蛰联名题写的挽联以炽热的颂赞与激情飞泻的不凡气势格外引人注目：

一生诗意千寻瀑，

万古人间四月天。

由于林徽因生前设计国徽和人民英雄纪念碑，有特殊贡献，她的遗体被安葬在八宝山革命公墓。她的墓由梁思成设计。墓碑是林徽因亲手设计的一方汉白玉花圈刻样，墓体简洁、朴实、庄重。正如当年他们的约定，谁若先死，墓便由另一人亲自设计。

1972年1月9日，梁思成在饱受“文革”的折磨后，病逝于北京。“文革”后，梁思成的骨灰安放在党和国家领导人专用骨灰堂八宝山革命公墓骨灰堂，与林徽因的墓地相邻。

在林徽因和梁思成相继过世后，一次有人取出一张泛黄的32开大的林徽因照片，问金岳霖拍照的时间背景。他接过手，大概以前从未见过，凝视着，嘴角渐渐往下弯，像是要哭的样子。半晌，他一语不发，紧紧捏着照片，生怕影中人飞走似的。许久，他才抬起头，像小孩求情似地说：“给我吧！”

在林徽因去世后多年的一天，金岳霖郑重其事地邀请一些至交好友到北京饭店赴宴。开席前他说：“今天是林徽因的生日!”顿使举座感叹唏嘘。

## 不后悔的人生

如果我们回首过往，没有痕迹，没有追忆，人生四处弥漫着叹息，我想这绝对不是我们存在的意义，像林徽因那样用有限的生命创造无限的价值，才能真正地拥有人生的辉煌和卓越，才不会后悔。她将她的美丽留在了那个时代，那些人的心中；她将她的诗文流传后世，留下了她对生命的感悟与赞叹；她将她的青春留给了她所热爱的建筑学，她和她的同行们为中国留下了宝贵的古建筑考证资料，为我们申遗留下了足够的证据；她将她的爱留给了爱她的和她爱的人，所以她这一生，不后悔！

若想要像林徽因那样，走出一条没有后悔的人生路，我们就必须在有生之年积极面对未来，勇敢地去爱与被爱，在自己的事业中做出成绩，为社会做贡献，到最后的时刻，带着爱人的眼泪去往天堂，如此便可不后悔！

**梁思成小百科**

梁思成（1901～1972），广东省新会人，梁启超之子，林徽因的丈夫，中国著名的建筑史学家、建筑师、城市规划师和教育家，中国古建筑研究领域的著名学者，是新中国成立后致力于保护古建筑的旗帜性人物。他系统地调查、整理、研究了中国古代建筑的历史和理论，是这一学科的开拓者和奠基者。曾任中央研究院院士、中国科学院哲学社会科学学部委员。曾参加人民英雄纪念碑等设计，是新中国首都城市规划工作的推动者，新中国成立以来几项重大设计方案的主持者，也是新中国国旗、国徽评选委员会的顾问。在《建筑五宗师》书中与吕彦直、刘敦桢、童寯、杨廷宝合称“建筑五宗师”，被称为建筑界“国宝”级人物。

Part 2

# 淡定的人生不寂寞——像林徽因一样笑看风云过

## 从容面对生活中的“意外”

生活总是会给我们很多意外，意外也会给我们带来很多改变。既来之，则安之。只要坦然接受，就会发现，意外的人生并不会使我们失去很多，反之它可能会给我们带来更多。

### 意外总比明天来得更早

1937年的夏天，“七七事变”后，日军全面侵华，身在北平的人们开始了大迁徙，对林徽因一家来说，这无疑是个最坏的旅行季节，未卜的前途，茫茫的前路，终点在哪儿，无从知晓。在这个时节举家迁徙，步履蹒跚几乎是必然的，可是，战火烧到了生活的边沿，不离开又如何活下去?

因为是逃难，除了生活必需的钱和工作必需的论文、古建筑研究资料，字画古董服装摆设只能统统放弃，尽量轻装上阵。林徽因和梁思成不得不舍弃北平家中那些精致的岁月积累，战争打碎了林徽因原本完整的家庭体系，意外竟然来得这么突然。

1937年8月，林徽因一家从北京乘火车到天津，从天津坐船到烟台，再转车至潍坊、青岛，之后乘火车至济南，再到郑州，最后抵达大后方长沙。这一路上，林徽因上下舟车16次，进出旅店20次，堪称她人生中最密集的辗转，身体劳累到了极点，所幸的是，在这压抑的空气中，她依旧保持着乐观。

在这逃亡途中短暂的居留地长沙，人们的心情如何可想而知，只有林徽因的家中仍能传出嘹亮的歌声，人们以歌声赶走心头的阴云，仍希望着美好的明天。有人说，林徽因的身上，有一种奇特的团聚人的力量，她的优雅和坚定影响着周围的人，就仿佛神话中懂得人心灵密语的女神，总能够在人们最困惑的时候，给予他们心灵的安慰。

## 意外有时让人更坚强

10月，梁思成的弟弟辗转来到阴雨绵绵的长沙，他供职的中央研究院历史语言研究所准备迁往昆明。战时路途格外崎岖，昆明说近也远，林梁二人犹豫了。可战争的残酷由不得他们犹豫，日军轰炸了长沙，同时，梁思成主持的营造学社是民间组织，为了更好的发展，他也准备随研究院一起去昆明。于是，林徽因一家不得不再次出发。

12月初，林徽因一家离开长沙，奔赴昆明。

可是，对这一对小夫妻来说，意外迭至。梁思成在年轻时脊椎受过伤，可是他们一路逃难，从北平到昆明，刚到昆明，长途跋涉的辛劳使他的脊椎病发作，背部肌肉痉挛，痛得彻夜难眠。经过医生诊断，说是因为扁桃腺的脓毒所引发，需要切除扁桃体。可是切除了扁桃体后，却又引发了牙周炎，这让他疼得吃不下任何东西，甚至连水都不能喝，于是他满口的牙齿又被医生拔掉了。半年多时间里，疼痛使他不能在床上平卧，日夜半躺半坐在一张帆布椅上。

林徽因觉得看着梁思成遭受病痛折磨比自己生病还难受，但又不能减轻梁思成的痛苦。她承担起了全部家务，买菜、做饭，洗洗涮涮，往常最令她厌恶的家务她都一一亲历亲为，过去有女佣，但现在一切只能靠自己。她变着法子做可口的饭菜，只想让梁思成多吃一口。医生怕梁思成服用过量的止痛药会对药物产生依赖，建议他做些手工，以分散注意力。可是坐在躺椅上能做什么手工呢？不得不说林徽因的心思灵巧，她找出家人的袜子来，让他学着织补。

同时，他们的生计问题也同样严峻，家里的积蓄眼见就见底了。为了维持生计，林徽因到云南大学为学生上英语课，每星期6节课。课虽说不多，但学校离他们的住所很远，每次去上课来回要翻4个山坡，昆明海拔高，爬坡上山走得快了，林徽因就会胸闷气短，特别是下课回家，更觉得累乏。一个月下来，能赚40元钱的课时费。

林徽因的身上，有一种奇特的团聚人的力量，她的优雅和坚定影响着周围的人，就仿佛神话中懂得人心灵密语的女神，总能够在人们最困惑的时候，给予他们心灵的安慰。

## 一半工资的皮尺

拿到钱，林徽因就在回家的路上走进了卖日用杂货的商店。她第一个要买的，便是外出考察古建筑用的皮尺，价值23块，占了工资的一半。林徽因也没有犹豫，她想，梁思成见了这皮尺一定也会很高兴。

走到回家的那条街拐角处，林徽因又花了几角钱为孩子们买了一块当地的特产——核桃糖、一包糖炒栗子。核桃糖是把核桃仁和熬化的蔗糖在盆里混在一起，凝结成冻状后扣在案板上，买多少切多少，像北京的切糕似的。糖炒栗子也让林徽因想起北京，不过昆明的糖炒栗子比北京的好吃。

林徽因买皮尺，和张爱玲小时候得到5块钱稿费时第一时间便跑去买了支口红，这两者之间的相似之处，是她们对于所买的东西，都有一种真的热爱；相异之处，是张爱玲是对生活之爱，带着点负气的意味，林徽因是对事业和丈夫的爱，她是真的把事业当生命。

为了生活，他们还帮人设计私人住宅，可往往拿不到应得的报酬；他们也会被邀请出席权贵们的宴会，可宴会当场，林徽因必做声明："思成不能酒我不能牌，两人都不能烟。"即使生活遭遇种种挫折和意外，但她依然保留着知识分子的那份清冷。

人的一生，很多时候都会因一些意外所改变，但并非所有意外都是坏的，生活频繁光顾的意外让林徽因颠沛流离，但她也彻底洗去了一身铅华，在饱尝生活的艰辛后，成了生命的勇者。这个世界上有几个人真正能一直沿着自己所追求的路走下去的呢？生活本来就是到处充满意外，或者说是到处充满机会、到处是障碍。意外的人生并不可怕，只要坦然接受，在任何状况下都勇往直前，意外就是成功。

**中国营造学社小百科**

中国营造学社，中国私人兴办的、研究中国传统营造学的学术团体。创建于1929年的北京，朱启钤任社长，梁思成、刘敦桢分别担任法式、文献组的主任，林徽因也是其成员之一。其名称中的营造二字取自宋李诫所著中国最早的关于建筑规制与技术的专业书籍《营造法式》一书，在这部书之后营造二字就专指中国传统建筑及其建筑技法和规范，中国营造学社之名即由此得来。学社以中国古建筑为主要研究对象，从事古代建筑实例的调查、研究和测绘，以及文献资料搜集、整理和研究，编辑出版《中国营造学社汇刊》，1946年停止活动。中国营造学社为中国古代建筑史研究作出了重大贡献。

## 不抱怨生活中的种种“不公”

比尔·盖茨说过：“人生是不公平的，习惯去接受它吧。请记住！永远都不要抱怨！”生活不会辜负认真对待它的每一个人。我们只要停止抱怨，适当修正自己的目标，并且加倍努力地去行动，就会得到生活的额外奖赏。

## 学会接受生活中的不公

林徽因是一个“既耐得住学术的清冷和寂寞，又受得了生活的艰辛和贫困”的奇女子，一个名门闺秀沦落到四处逃亡，从衣食无忧到为了一点积蓄仔细算计，她的才情令无数人折服，她面对生活的勇气更是令世人刮目相看。

林徽因的母亲何雪媛出自富商家庭，但是并没有接受过多少教育，既不擅长女红，又不精通持家之道，婚后除了生下林徽因之外，其他的孩子都夭折了，因此无法得到林家的欢心。之后，林徽因的父亲林长民又娶了一房姨太太，接连为林家生下了几个子女，这位姨太太在林家的地位可想而知。

在传统的教条影响下，林徽因时常听到母亲的抱怨、责怪，这些都潜移默化地影响着她，故而童年的生活并不是很愉快。在这样的生活环境中，林徽因自然较同龄的孩子成熟、懂事一些，并获得了父亲的器重，让她享受最好的教育。只是母亲在心灵上带给她的阴影是无法抹掉的，懂事的她又不得不想尽办法去维护母亲的地位，她内心的纠结可见一斑。

林恒是林徽因同父异母的弟弟，有一段时间，林恒因为准备报考清华大学，暂时住在林徽因家中。林恒在家里的存在激起了林徽因母亲心中的怨念，时常将上一代的恩怨发泄在林恒身上。母亲的举动让林徽因左右为难，她不能将弟弟赶走，更不能忤逆母亲的意愿。林徽因在致好友费慰梅信中抱怨：“最近三天我自己的妈妈把我赶进了人间地狱。我并没有夸大其词。头一天我就发现我的妈妈有些没气力。

家里弥漫着不祥的气氛，我不得不跟我的同父异母弟弟讲述过去的事，试图维持现有的亲密接触。晚上就寝的时候已精疲力竭，差不多希望我自己死掉或者根本没有降生在这样一个家庭……我知道我实际上是一个快乐和幸福的人，但是那早年的争斗对我的伤害是如此持久，它的任何部分只要重现，我就只能沉溺在过去的不幸之中。”

## 生活在轰炸之中

1937年10月，长沙正是连绵的阴雨天气。林徽因闹肚子，她歪在床上，身上搭着被子，屋子里的东西散发出霉湿的味道。梁思成和林徽因商量着动迁昆明的事。两个孩子在门口接雨水玩儿，在这阴郁日子里，他们清亮的笑声是唯一的亮色。

走，还是不走？林徽因在考虑。如果要去昆明，必须尽快走。再不走，等天气冷下来，一路上翻山越岭、下雨落雪会有许多困难。可是如果马上就走，除了路上的花销，一家人到昆明，手头就只能剩下三百来块钱，他们没有收入，身上的这一点点钱，等到了那偏远的西南，这一家老老小小该如何是好呢?

商量一番后，梁思成、林徽因便决定，还是先过几天看看情况再说。梁思成打算与“中美庚子赔款基金会”联系上，看是否能为营造学社申请到研究基金。

第二天，天放晴了，林徽因把发潮的棉被和衣物一一晾晒出去，然后坐在廊上的破藤椅上，眯着眼睛享受着这难得的阳光，有一搭没一搭地和屋里的梁思成说着话。

突然，空中响起巨大的轰鸣，是战斗机飞过的声音。

“是中国的飞机吗?” 梁思成跑出来问林徽因，因为事先他们并没有听到空袭警报。

震耳欲聋的爆炸声响起，还夹杂着炮弹穿越空气的尖利呼啸。

是日机的轰炸!

来不及多想，完全是出于本能，林徽因、梁思成一人抱起一个孩子拉着外婆就往楼下跑。还没跑出院子，离他们很近的一颗炸弹就爆炸了，房子顿时四分五裂，林徽因抱着儿子被气浪抛了起来，但意外地自己和孩子居然都没有受伤。房屋开始轧轧乱响，门窗玻璃、隔扇、屋顶、天花板，全都坍塌下来。危急关头，容不得人想太多，林徽因、梁思成飞快地冲出院子，跑到混乱的街头。

他们希望能跑到临时大学避难。但是眼看飞机一阵俯冲下来，林徽因、梁思成绝望地停下了脚步，一家人紧紧地偎在一起。反正人腿跑不过飞机，索性全家人死在一起吧!

爆炸声又起，居然是他们刚才准备跑过去的临时大学校园。

他们的住所已成了一堆废墟。死亡，原来距离他们那么近。

硝烟散去，惊魂稍定，从废墟中扒出了他们所剩无几的家当，当晚全家只好到朋友家去借宿。

张奚若租住的地方有两间房子，为林徽因、梁思成一家腾出来一间，自己一家五口挤在另一间里。

## 抱怨只是一种逃避

林徽因的生活甚至容不得她抱怨什么，命都差点没了，能活下来，已是万幸，一家人都还在，真的是不幸中的大幸。被环境所逼，一千金小姐跋涉千里，她没有抱怨什么；被生活所迫，一新时代知识女性不得不整天忙于家务，她也没有抱怨什么，只是向闺蜜吐吐槽写信发泄一番。林徽因曾“在菜籽油灯的微光下，缝着孩子的布鞋，买便宜的粗食回家煮，过着我们父辈少年时期的粗简生活。”“烧饭是俯身在一只三条腿的火盆上动手，火盆的顶部离厨房的泥地不过四五十厘米，只能支一口锅。燃料是用煤灰和泥做成的煤球，火必须扇旺到能做饭的程度。如果要洗澡、洗衣或洗碗，就得从水缸里舀出水来，在这个或另一个炉灶上烧热。除此以外，还要冒着尘土或泥泞，长途跋涉到村里去买那些买得起的食物带回家，而且还得天天去，因为根本没有冷藏这回事，连想都别想。当然没有电话或交通工具。”美国学者费正清教授说：“倘若是美国人，我相信他们早已丢开书本，把精力放在改善生活境遇上去了。然而这些受过高等教育的中国人却能完全安于过这种农民的原始生活，坚持从事他们的工作。”林徽因曾这样描述逃难经过：“我们在令人绝望的情况下又重新上路。每天凌晨一点，摸黑抢着把我们少得可怜的行李和我们自己塞进长途车，到早上十点这辆车终于出发时，已经挤了二十七名旅客。这是个没有窗子、没有点火器、样样都没有的玩意儿，喘着粗气、摇摇晃晃、连一段平路都爬不动，更不用说又陡又险的山路了……”

现实生活中，我们常常羡慕别人家里比我们有钱、有权，他们可能确实能利用自己优先占有的某些社会资源，从而迅速过上令人羡慕的生活，但这种唾手可得的成功，往往难以长久。而对于那些因为缺少某些资源，面临许多“不公”的人，他们的劣势也是优势，因为一无所有，就只有奋斗，他们会寻找机会发挥自己的长处，竭尽全力闯出自己的一片天地。只有这种经过一拳一脚打下来的成功，往往才经得起时间的考验。

当我们又想抱怨时，想想林徽因面对长途跋涉的从容，想想她在炮火中活下来的勇气，然后静下心来，找到自己的心结，用进取心来改变自己的生活和工作，这样，我们就可以心想事成。

**萧乾小百科**

萧乾（1910～1999），原名萧炳乾。蒙古族，祖籍黑龙江省兴安岭地区，生于北京。现代著名作家，记者，文学翻译家。世界闻名的记者，卓有成就的翻译家、作家，也是著名的中外文化交流使者。晚年多次出访欧美及东南亚国家进行文化交流活动，写出了三百多万字的回忆录、散文、特写、随笔及译作。主要著译作有《篱下集》《梦之谷》《人生百味》《一本褪色的相册》《莎士比亚戏剧故事集》《尤利西斯》等。1930年，萧乾在北平林徽因家的“星期六聚会”上认识林徽因，此后与林成为好友。

# 走自己的路，让别人说去

作家契诃夫曾说:“有大狗，也有小狗，小狗不该因为大狗的存在而心慌意乱。所有的狗都应当叫，就让它们各自用自己的声音叫好了。”或许我们没有值得炫耀的家世背景，也没有出众的才华容貌，但我们同样也可以坚持自己的道路，走出一个未来。

## 让别人说去

“走自己的路，让别人去说吧”，在如今这个个性时代，但丁的这句名言至今成为很多人行动的座右铭。它告诫人们要坚定自己最初的信念，在自己的路上一如既往地走下去，不必在乎别人说什么，认准目标后不断前进，不为世俗流言所动，不被飞短流长所扰。这样的境界是我们现在的人所追求的，但林徽因却早在近百年前就已经在这条路上走得无比自在了。

林徽因和徐志摩的感情一直被人津津乐道，究竟是爱，还是不爱？如果爱，为什么却不曾选择他？如果不爱，为什么不从此相忘于江湖，老死不相往来？为什么要这样缠缠绵绵，暧昧不清？是的，至少在世人眼里，他们之间的感情是暧昧的，令人无法准确判断的。

但林徽因一直是懂得的，她在一次给胡适的信中，剖析了自己跟徐志摩之间纯真的友情，对他们之间曾有的那场恋爱，她说自己并没有觉得可羞惭，反而给了她不少人格上、知识上、磨炼修养的帮助。

志摩in a way（在某方面）不悔他有这么一段痛苦的历史，我觉得我的一生至少没有太堕入凡俗的满足也不是一件什么坏事。志摩警醒了我，他变成一种Stimulant（激励），在我生命中，或恨，或怒，或Happy或Sorry，或难过，或苦痛，我也不悔的，我也不Proud（得意）我自己的倔强，我也不惭愧。

美国著名经济学家伊渥·韦奇说：“即使你已有了主见，但如果有十个朋友看法和你相反，你就很难不动摇。”这就是著名的“韦奇定律”。林徽因在那个保守的年代，因为和徐志摩扑朔迷离的感情，被质疑、被非议，所承受的压力又岂是外人所能知道的，但她一直保持着内心的高贵，而她之所以能一直让那些爱她的、懂她的人保持着高度的敬意，正是由于她的这种高贵真挚，这也正是她光芒万丈的原因，这光芒，不仅使徐志摩，甚至也使所有热爱林徽因的人感到温暖。

## 一本日记引发的纠纷

徐志摩飞机失事亡故后，胡适和林徽因等人打算搜集徐志摩的遗文，以出版徐志摩的文集。可是，在搜集徐志摩的文字时，林徽因和当时另一位颇有影响的女作家凌淑华因为徐志摩的“康桥日记”发生了纠纷。

1925年3月，徐志摩曾将部分文稿，两三册英文日记，还有陆小曼的两本日记放在小提箱里，交给凌淑华保管，并对她说："要是我不能回来的话，你得给我写传。这箱子里面有你需要的材料。"徐志摩遇难前一直没有去取。徐志摩飞机失事后，凌淑华将部分资料给了正搜集整理徐志摩遗文的胡适，但记录当初和林徽因初遇那段时光的"康桥日记"却自己保存着，胡适后来又将手稿交给了林徽因。

林徽因想看看那时徐志摩究竟都写了些什么。但由于她的位置尴尬，还是有一些顾虑和迟疑的，但她也并不想掩饰自己对此的好奇和渴望，非常想看看那些日记，那里面应该详细地记录了徐志摩当时的所思所感，是了解徐志摩的重要资料。于是，她开口向凌淑华讨要，但凌淑华又在原本约好的时间爽约了，这令林徽因有种被戏耍的不快，后来凌淑华给她送来的日记，却又只有半本，缺失了与林徽因有关的内容。

林徽因给胡适写信详细述说了事情经过，并分析自己说："我不会以诗人的美谀为荣，也不会以被人恋爱为辱。我永是我，被诗人恭维了也不会增美增能，有过一段不幸的曲折的旧历史也没有什么可羞惭，我只是要读读那日记，给我的是种满足，好奇心的满足，回味这古怪的世事，纪念老朋友而已。"

胡适写信向凌淑华要徐志摩的剩下的日记，但那日记从此没了踪影，成了一件后人永远也说不清的往事。

徐志摩过世后，当时一些报刊对徐志摩的个人生活，尤其是他的离婚和再婚，都进行指责与攻击，这也是林徽因和胡适他们想要尽快将徐志摩的资料尽快整理出来的原因。无论是徐志摩生前还是身后，林徽因和他的故事都引起不少争议，但林徽因依然故我，坦坦荡荡，她内心的高雅素洁，足以淡化一切不堪流言。

**凌淑华小百科**

凌淑华（1900～1990），笔名叔华、素心。广东番禺人。女小说家、画家。原名瑞棠。1922年就读于燕京大学，并开始在《现代评论》发表小说。1929年任教于武汉大学，主编《武汉文艺》。1940年起在燕京大学任教。主要作品有短篇小说《花之寺》《女人》，散文集《爱庐梦影》等。1956年后在新加坡南洋大学、加拿大等地教中国近、现代文化，后寓居英国。本来还算得上是朋友的凌淑华与林徽因因为“康桥日记”事件交恶，两人从此再不往来。

## 不在得失之间挣扎

每个人在生活中都是主宰生命的佼佼者，所以我们每个人都要用心地去体会生活。不要去计较什么得失，得到与失去，其实只在一念之间，即使生活中有一千个理由让你哭，你也要找一千零一个理由让自己笑！

### 失去总比得到的多

一路逃亡到昆明的林徽因得到了什么，失去了什么？她失去了安定的生活，失去了高朋满座的良好氛围，失去了一展自己才华的机会，现在，她只能利用做家务活和照顾孩子、母亲之外的一点点时间进行自己的工作，而且常常被打扰……看上去，她失去了很多。

1938年，国立西南联合大学的教师和学生陆陆续续从各地来到昆明。他们有坐汽车的，有徒步行走的，还有从越南绕行的。张奚若一家来了、赵元任一家来了、陈寅恪也来了。金岳霖绕道香港、海防，从河内乘窄轨火车到了昆明。闻一多身穿长袍，挽着裤脚，长髯飘飘，和学生一起从湖南经贵州徒步行走到了昆明。

朋友们陆续来到昆明，友人们又见面了。林徽因的生命中，始终不缺朋友，在这个朋友圈子里，她仿佛永远是最受瞩目的圆心，林徽因在给美国友人费慰梅的信中写道：“我喜欢听老金和奚若笑，这在某种程度上帮助我忍受这场战争。这说明我们毕竟是同一类人。”在流亡的日子里，许多人只剩下身上穿着的一套西装或一件长袍，即使找到一间住房，也是真正的家徒四壁。不过，彼此的处境都差不多，战火与厮杀的边缘上，同一类人簇在一处，这多少能给林徽因一些心灵上的温暖，国难当头，兵荒马乱，大家能重新聚首，就是一种温暖、一种慰藉。

## 失去的总会有所补偿

金岳霖在给费正清的信中谈到林徽因：“……仍然是那么迷人、

活泼、富于表情和光彩照人——我简直想不出更多的话来形容她。惟一的区别是她不再很有机会滔滔不绝地讲话和笑，因为在国家目前的情况下实在没有多少可以讲述和欢笑的。”

梁思成、林徽因一家租住在昆明城内，林徽因在给费慰梅的信中，谈到了他们的生活：

……梁思成笑着，驼着背(现在他的背比以前更驼了)，老金正要打开我们的小食橱找点东西吃，而孩子们，现在是五个——我们家两个，两个姓黄的，还有一个是思永(梁思成的弟弟)的。宝宝常常带着一副女孩子娴静的笑，长得越来越漂亮，而小弟是结实而又调皮，长着一对睁得大大的眼睛，他正好是我期望的男孩子。他真是一个艺术家，能精心地画出一些飞机、高射炮、战车和其他许许多多的军事发明。

温和的丈夫、幽默的朋友、可爱的孩子，林徽因仿佛在大后方重新找到了女人应该有的完整的生命，不再去计较得失，在这昆明稀薄的空气里，林徽因依然找到了属于自己的和煦阳光。

当然，还有他们一直为之努力拼搏的心爱的建筑事业。在昆明的日子里，梁思成关于赵州桥的论文刊登在了世界建筑的权威期刊《笔尖》上，这对夫妇俩都是一个莫大的鼓舞。1939年秋，梁思成和同事们用了半年的时间，跑遍了大半个四川。而后方的家庭，则全靠林徽因支持着。

朋友再聚，给林徽因带来了很大的快乐，即使她失去很多，但亲友俱在，在这战火纷飞的年代，就算是最难得的一种得了。而且，她

学会了在平凡的生活中寻找乐趣，所以，她的心依然是富足的。

人生于世，宜当像林徽因那样有情有趣、亲人近之、朋友敬之，凡事都不要太过计较。其实，事实也是如此，如果总是计较来计较去，不但徒惹人烦心，而且，还往往大事办不成，小事也办不好，还不如不去计较。

**金岳霖小百科**

金岳霖（1895～1984），字龙荪，浙江诸暨人士，生于湖南长沙。中国当代哲学大家，被称为中国的“逻辑学之父”。1914年从清华学院毕业，官费留美，后游学欧洲。回国后从事哲学和逻辑学的教学、研究和组织领导工作，是最早把现代逻辑系统地介绍到中国来的逻辑学家之一。他把西方哲学与中国哲学相结合，建立了独特的哲学体系，为中国培养了一大批有较高素养的哲学和逻辑学专门人才。现今仍设立有金岳霖学术基金会。

## 不要让自己活在别人的眼光中

世上许多人，因为过于恐惧世人的批评，无法过自己想要的人生，他们一辈子都活在别人的眼光中，在扮演“别人希望的角色”。一个人要想活得自在，就不能根据别人的眼光和说法来改变自己，而要走出自己的路，活出自己的精彩。

## 不容于同性

照着别人所期望的模式生活，牺牲自我，是天底下最愚蠢的事。因为最后为我们的行为“买单”的还是我们自己。所以，何必太在意他人的看法，让别人来左右我们的人生？要知道：活着，是为自己的精彩，是为自己的人生。所以，不要活在别人的目光里，也不要活在别人的评论中。

与林徽因交往较为密切的李健吾对她非常敬重，也因为他对林徽因的了解，他并没有把林徽因说成人人怜爱的大众宠儿。如他所说，林徽因也有她的孤独、寂寞、忧郁，她在女性中并不合群。李健吾甚至直言，几乎妇女全把她当作仇敌。确实林徽因和亲戚里众多女性相处不谐，只与梁思庄没有芥蒂。这可能是因为林徽因的率真性情所致。

林徽因聪明而且多才，与她交往的无不是当时知识界的精英，如政治学家张奚若、经济学家陈岱孙、逻辑学家金岳霖、物理学家周培源，在他们各自的学术领域里，无不是泰斗人物，就不必说胡适、沈从文、叶公超、朱光潜……而在同性中，鲜有此辈，才情多远远逊于林徽因。她们无法与林徽因在同一层面对话，林徽因又不愿假作谦和状和她们敷衍、周旋，那么同性们的误解、生分乃至嫉妒、怨怼，是可想而知的了。

虽然在同性中并不相容，但林徽因并未随着别人的眼光改变自己，迁就别人，在她看来，她就是她。勇敢的人能够坚持自我，坚定的人能够坚持自我，对未来充满信念的人能够坚持自我。坚持自我的人，他们的人生信条往往最简单，也最接近真理。

## 要有自己的追求

在少女时代，林徽因就展现出了与众不同的智慧，有人曾评价说："这样的一个女子，一开始就表明心意，不做别人眼里的传奇，要踏踏实实地过一生。"

跟随父亲在英国居住的那段日子，林徽因是孤单的，因为父亲常忙于公事，林徽因不禁有一种身在异国他乡的凄凉感。她这样回忆："我独自坐在一间顶大的书房里看雨，那是英国的不断的雨。我爸爸到瑞士国联开会去，我能在楼上嗅到顶下层楼下厨房里炸牛腰子同洋咸肉。到晚上又是在顶大的饭厅里独自坐着，一个人吃饭，一面咬着手指头哭——闷到实在不能不哭！"

徐志摩便是在这个时候闯进了林徽因孤寂的生活中，执着寻求灵魂伴侣的诗人，对林徽因一见倾心，诉不完内心的缱绻情思。当林徽因得知徐志摩为了她不惜与已怀有身孕的妻子张幼仪离婚时，她郑重地做了一个旁观者，再也不深陷其中，她说："道德不是枷锁，而是对生命负责任的态度。"林徽因对生命的尊重超出了徐志摩的想象，支撑她的想法与决定的，并不完全是道德的力量，而是"对生命负责的态度"，这是她的底线，也是她的原则。

最后，林徽因以“我不是没有来，只是无缘留下”回应徐志摩的感情。回国后不久，林徽因便和梁思成定下了婚事。她的心是敞亮的，她深知越是热烈的东西越无法长久，何况徐志摩所追寻的绝对而极端的西式爱情，已经远远背离了传统的中国理念。诚如梁从诫所说：

那时，像母亲那么一个在旧伦理教育熏陶下长大的姑娘，竟会像有人传说的那样去同一个比自己大八九岁的已婚男子谈恋爱，简直是不可思议的事。母亲知道徐在追求自己，而且也很喜欢和敬佩这位诗人，尊重他所表露的爱情，但她却是不爱他的。

林徽因追求简单的生活与爱情，她用自己简单的心追求自己想要的生活，选择了给自己简单平淡幸福的梁思成，也终于守住了自己的魂灵。

情感并不是林徽因的全部，对事业的追求让她更丰实地站在世人面前。选择专业时，林徽因义无反顾地选择了建筑学，并为其追寻了一生。她让那些已经消失的中国古建筑在民族意识中重新被认可，与丈夫梁思成设计了人民英雄纪念碑，她曾提出用西方现代主义建筑的结构技术结合中国建筑的传统文化来克服中国传统建筑的弱点……

生活在别人眼光中的女人是可悲的，只有独立自主的女人才不会沦为别人的附属品。能够在别人的眼光和非议中坚持自我的人，往往比他人更有勇气和魄力，也承受着超出常人的非议。林徽因有着清晰的目标和对目标的忠诚度，所以她拥有了自己想要的生活，成就了心中预期的美好。

偶然

我是天空里的一片云，
偶尔投影在你的波心——
你不必讶异，
更无须欢喜——
在转瞬间消灭了踪影。
你我相逢在黑夜的海上，
你有你的，我有我的，方向；
你记得也好，
最好你忘掉，
在这交会时互放的光亮！

**沈从文小百科**

沈从文（1902～1988），原名沈岳焕，乳名茂林，字崇文，笔名休芸芸、甲辰、上官碧、璇若等。湖南凤凰县人，现代著名作家、历史文物研究家、京派小说代表人物。14岁投身行伍，浪迹在湘川黔边境地区。1924年他开始学习文学创作，抗战爆发后到西南联大任教，1931～1933年在山东大学任教。1946年回到北京大学任教，建国后在中国历史博物馆和中国社会科学院历史研究所工作，主要从事中国古代历史的研究。他也是林徽因的“太太客厅”常客之一。1988年病逝于北京。

## 助人是人生最美的补偿

爱默生说；“人生最美丽的补偿之一，就是人们真诚地帮助别人之后，同时也帮助了自己。”在帮助别人的时候，我们会得到来自心灵的愉悦，或者说从心理上充实了自己，使自己也得到了快乐，其实，帮助别人，也就是在帮助我们自己。

### 人生最美的补偿

1948年，林洙中学毕业后，便随男友程应铨来到清华大学。程应铨当时在建筑系任教，林洙想进先修班学习，便带着父亲给她的介绍信到清华园见林徽因。林徽因十分热情地接待了这位同乡姑娘，林徽因问林洙考大学的事，林洙说没能考上，自己数学、化学、语文还可以，但英语难度很大。林徽因一听便笑了，说：“你和我们家的孩子相反，他们都怕数学，你为什么怕英语？”然后她告诉林洙英语并不难学，接着林徽因就谈起了北京的历史，并谈到了颐和园。

当时清华大学没办先修班，所以林洙只能自己进行复习，有时还去听梁思成讲的西方建筑史和其他几个教授的课。于是林徽因便自己来教林洙的英语，每周二、五下午给她上课。林徽因上课总是生动有趣，但她同时又是个严师，这使林洙进步很快。

林徽因还亲自操办了林洙的第一次婚姻。当时林洙的父母从香港辗转寄来了家信，让她和程应铨尽快完婚。为准备婚事，林洙准备卖掉自己的首饰，林徽因从别人嘴里知道这件事后，就对她说：“营造学社有一笔用来赞助青年学生的专款，你可以先用这笔钱，以后再还。”说着就把存折给了林洙。可是林洙到银行里取钱时，发现上面写着梁思成的名字。以后林洙每次要还钱时，林徽因又总是岔开话题。林洙一直到60年代，才搞清楚林徽因给她钱的时候，营造学社已经停办了，林徽因借给她的其实是自己的钱。

## 遗爱人间

林徽因死后第八年，这一位福州女子便成了梁思成的续弦。林洙说：

我不是建筑师，更不是文人。命运使我认识了梁思成和林徽因，从此走上建筑这个行业，并且成了梁思成的第二任妻子。我与林徽因在人生的道路上几乎错过，是神！使我在她生命的最后年月与她相遇，目睹她的风采，她超人的才华与智慧，她高尚的品德与非凡的风度。与她短暂的相处，却这么深刻地印在了我的心中，它们是我记忆中的财富，这是我的幸运。

后来林洙在《困惑的大匠·梁思成》一书中提起林徽因时，也慨叹道：

她是我一生中所见识过最有风度的女子。她的一举一动、一言一谈都充满了美感、充满了生命、充满了热情。当你和她接触时，实体的林徽因便消失了，而感受到的则是她带给你的美和强大的生命力。

## 助人何须刻意

不可否认，林徽因有些心高气傲，她不愿意和一般人多说话，甚至认为无谓的废话是浪费时间和精力，她最不能忍受的是妇女们在一起家长里短地东拉西扯。但不喜欢多说话不等于不愿意帮助人，相反，她是个乐于助人的人，而且帮助人时她也很照顾别人的心情。

林洙是如此，沈从文也是。沈从文一度经济拮据，林徽因有意出手帮他，但又怕他不肯接受，就让表弟林宣向沈从文借书，在还书的时候悄悄地在书里夹进一些钱。后来，沈从文在全国第一次“文代会” 上被郭沫若指斥为“地主大资产阶级的帮凶和帮闲”， 他行伍出身的弟弟沈荃率部起义后，被错误地判处了死刑。这些接连的突变和打击令沈从文几近崩溃，夜不能眠，眼前出现幻象，耳朵出现重听。在极度的痛苦中，他割腕自杀，被抢救过来后，他的精神也濒临崩溃。林徽因便把他接到清华园，有时住在梁家，有时住在金岳霖家。虽然病情并没有根本好转，但他的情绪逐渐稳定了下来。

林徽因相信不管社会环境怎样变化，但有些东西是不可改变的。她相信友情，相信爱，相信除了爱和仁慈之外，这个世界上没有任何优越的标志。她知道沈从文的伤痛，但也知道这种痛无人能够分担。她和梁思成虽然没有说什么，但内心却对老朋友的情况怀着深深的忧虑，他们小心翼翼地回避着那伤痛，只期望朋友们无限的温情能帮助他从无边的心灵苦难中挣扎出来。

沈从文经过很长一段时间的迷狂，开始了向社会回归。他被分配到故宫博物院写文物的说明词，他在文物研究中又找到了自我。他说："人不易知人，我从半年中身受即可见出。但我却从这个现实教育中，知道了更多'人'。大家说'向人民靠拢'，从表面看，我似乎是个惟一的游离分子，事实上倒像是惟一从人中很深刻的取得教育，也即从不同点上深深理解了人的不同和相似。"

**胡适小百科**

胡适（1891～1962），汉族，安徽绩溪人。原名嗣糜，学名洪骍，字希疆，后改名胡适，字适之。现代著名学者、诗人、历史学家、文学家、哲学家。因提倡文学革命而成为新文化运动的领袖之一。1920年3月，他所写的白话诗集出版，即《尝试集》，这是现代文学史上最早出版的一部个人诗集，也是第一部白话诗集。其代表作品有《文学改良刍议》《卢山游记》《胡适文选》等。林徽因"中国一代才女"的美誉正是出自胡适之口。

**Part 3**

# 社交圈里的亮丽风景线
# ——像林徽因一样做沙龙女神

## 让自己成为社交场最受欢迎的人

为什么有些人总是不能让别人喜欢呢？为什么有些人总是形单影只，少朋缺友？但有些人却总是高朋满座，朋友遍天下，他们总是非常受别人欢迎，他们的秘诀是什么？他们是如何做到的？

### 太太客厅

20世纪30年代，林徽因住在北京东城总布胡同3号的四合院时，每到星期六下午，梁氏夫妇就穿过金岳霖的小院子，进入金家内室，在这里有一群老朋友们在此聚会，高谈阔论。而每到下午4点的喝茶时间，金岳霖便会从小门走进梁家聚会，当时，梁家被人戏称为“太太客厅”，金岳霖家则被他们称为“湖南饭馆”，这两个均是当时北平有名的沙龙。

这是一个男人的世界，但林徽因在这里却如鱼得水，常来参加聚

会的包括胡适、徐志摩、沈从文等文艺界名流；也包括很讲原则、直率而给人印象深刻的张奚若，和对国际事务很感兴趣、且很尖锐的中国政府分析家钱端升两位政治学家；高个子、高贵而不苟言笑的经济学家陈岱孙；还有两位年长一些的教授：出身哈佛带领中央研究院小组在安阳发掘殷墟的人类学和考古学家李济，曾在伦敦留学的中研院社会研究所所长、社会学家陶孟和……这些人如同建筑学家梁思成和逻辑学家金岳霖一样，无一不是现代主义者，各自在其领域峥嵘头角。到了星期六，他们有些人的妻子也会出席，参与热烈的谈话。

费慰梅回忆说：

徽因的朝南的充满阳光的起居室常常也像老金的星期六‘家常聚会’那样挤满了人，而来的人们又是各式各样的。除了跑来跑去的孩子和仆人们外，还有各个不同年龄的亲戚。有几个当时在上大学的梁家侄女，爱把她们的同学们带到这个充满生气的家里来。她们在这里常常会遇见一些诗人和作家，他们是作为徽因已出版的作品的崇拜者而来的，常常由于有她在场的魅力而再来。

## 沙龙女王

在这两个沙龙里，林徽因是最优秀的女主人以及话题的引导者，直到现在回忆起来，每个老朋友都会记得，林徽因是怎样滔滔不绝地垄断了整个谈话。这是一个优秀的知识分子群体。他们大多出生于士绅之家，自幼熟读经书，家学渊源，具有深厚的国学根基。青年时代又接受了五四“民主”“科学”思想的洗礼。他们走出了国门，立志用科学方法研究中国的过去和现在，期待着中国尽快走上现代化的道路。特定的时空经纬成就了他们，他们学贯中西、文通古今，视野开阔，抱负远大，其人格构成和知识构成都有着传统文人所不可能具有的新型质地。他们的话题从诙谐的轶事到敏锐的分析，从明智的忠告到突发的愤怒，从狂放的热情到深刻的蔑视几乎无所不包，在众多文人雅士中咳珠吐玉、谈锋机敏、调笑无双的风姿和神韵，所有人都为之倾倒。这一段短短的黄金时代，为中国现代文化史上留下了一个光彩照人的林徽因形象，以至于后来友人们回忆起林徽因形象来都无比地鲜活。

抗日战争爆发后，那些昔日的客人“或流落云南西南联大，或流落到山城重庆，或流落到四川宜宾，他们不为物欲所动，不随波逐流，在困境中坚守心灵的纯净。那种宠辱不惊的淡泊，让人看到了一种有别于凌厉浮躁、金刚怒目的精、气、神……”

当时的林徽因夫妇到长沙避难，那段时间，日本的飞机经常在他们头上盘旋，他们所有的东西都是从玻璃碴中捡回来的，在朋友那里到处借住。林徽因说：

每天晚上我们就去找那些旧日的‘星期六朋友’，到处串队想在那些妻儿们也来此共赴‘国难’的人家中寻求一点家庭温暖。在空袭之前我们仍然常常聚餐，不在饭馆，而是在一个火炉子上欣赏我自己的手艺，在那三间小屋里我们实际上什么都做，而过去那是要占用整整一栋北总布胡同3号的。我们交换着许多怀旧的笑声和叹息，但总的来说我们的情绪还不错。

“太太的客厅”已经成为一种精神的化身，昔日的客人们个个傲骨铮铮，气节满满，他们用彼此之间的默契支撑起了一片希望的天空。

1938年，林徽因夫妇来到昆明，与张奚若夫妇毗邻而居，之后，沈从文、萧乾、金岳霖等也相伴来到昆明，“太太的客厅”又热闹了起来。费正清曾说过这样一句话：“中国对我们产生了巨大的影响，而梁氏夫妇在我们旅居中国的经历中起着重要作用。”

“太太的客厅”承载着林徽因全部的情感世界，无疑，林徽因是这个圈子里最受欢迎的人，她美丽高雅、机智风趣，而且词锋犀利，观点独到，给见过她的人都留下了极深刻的印象。

费正清晚年回忆林徽因时就曾说：

她是具有创造才华的作家、诗人，是一个具有丰富的审美能力和广博智力活动兴趣的妇女，而且她交际起来又洋溢着迷人的魅力。在这个家，或者她所在的任何场合，所有在场的人总是全都围绕着她转。

想要像林徽因那样成为社交场受欢迎的人，就需要先让自己拥有受欢迎的品行，然后多出去认识些朋友，扩大自己的交际圈，这样，在不断地与人交往中改善自己的言行，使自己成为社交场上最受欢迎的人。

**张奚若小百科**

张奚若（1889~1973），字熙若，自号耘，陕西大荔县朝邑镇人，著名的爱国民主人士、社会活动家、政治学家。早年参加同盟会。辛亥革命后，赴美国哥伦比亚大学学习，获政治学硕士学位。他虽然是有名的大学者，但一生著述并不多，著有《主权论》《社约论考》等，他发表的《社约论考》《主权论》《法国人权宣言的来源问题》《卢梭与人权》《自然法则之演进》等论著，在当年有很大的影响。张奚若是林徽因“太太客厅”的常客之一，1973年7月18日卒于北京。

## 拥有自信便拥有一切

女人因自信而美，自信以内涵而魅。自信的女人总会拥有诱人的气质和风度，沉淀在心中的内涵，就像一湾深湖，在优雅与从容之中演绎着自己的精彩，她们更会通过自信把自己全部的美丽毫无保留地完全绽放出来。

### 女人因自信而美丽

泰戈尔说过：“当上帝创造男人的时候，他只是一名教师，在他的提包里只有理论课本和讲义；当上帝创造女人的时候，他却变成一位艺术家，在他的包里装着画笔和调色盒，所以女人才会那么美丽，女人的生命才会那么缤纷。”

美，是女人永远不倦的话题，美也是女人一生执着的梦想。女人的美有很多种：温柔似水、温婉贤淑，恰似一朵水莲花的娇羞；八面玲珑，长袖善舞；从容淡定、干练大方，甚至性感张扬也是一种独特的美……世界因女人而美丽，美丽因内涵而升华，内涵因自信而永存。

林徽因的自信，缘于她对文化和艺术的虔诚热爱，缘于她对中西文化的深刻了解，她内敛的气质、她善辩的词锋，以及她对真理的执着追求，更缘于她对自己专业知识的深度了解。

她曾经感叹道，外国的许多建筑史著作中，很少承认中国的建筑在世界建筑史上有其独立的系统及其地位。而她在分析中国古代建筑主要结构特征的基础上，论证无论在世界还是在东方，中国建筑都有着独特的地位和价值，这些结构特征从来没有因为外来的影响而发生变化。

她认为，中国建筑艺术的主要特色，表现在古建筑的屋顶、台基、斗拱、色彩和平面布局等方面，这些是中国建筑的精神之所在。和人谈起这类话题时，她的眼睛里闪着智慧的光，浑身散发着一种令人侧目的自信。也许，人在谈论自己擅长的领域时，那种自内而外迸发出来的自信，让人忍不住信服。

当代著名作家毕淑敏曾说过：我不美丽，但我拥有自信。是啊，自信原本就是一种美，一种持久的美。那些天生丽质、拥有花容月貌的女人固然很漂亮，但若缺少了自信、优雅、从容、淡定的漂亮，这种美丽是缺少灵魂的。

## 自信的魅力

1925年，为了倡导新剧，闻一多、梁实秋等留美学生曾经在美国组织“中华戏剧改进社”以倡导新剧，林徽因是主要成员。在留学的时候他们心比天高，满脑子都是艺术理想，林徽因也是其中一分子，他们发函邀请国内新月社成员参加，建议在北京大学开设“戏剧传习所”，并设想归国后由闻一多办一所大门户之见的艺术大学：

有梁思成君建筑校舍，有骆启荣君担任雕刻，有吾兄（闻一多）濡写壁画，有余上沅、赵太侔君开办剧院，又有园亭池沼花卉草木以培郭沫若兄之诗思，以逗林徽因女士之清歌，而郁达夫兄年来之悲苦得借此消释。

林徽因的这种心态，与家族的传统有关，林家虽为书香门第，却从不固守清高，拘于经史，再加上从小的开明教育，见解更是远出同辈，其做事的自信态度令身边的人不得不折服。

1924年泰戈尔访华，林长民以半百年纪登台与林徽因同演泰氏名剧《奇特拉》，当时《晨报》连篇累牍介绍演出状况，称赞“父女合演，空前美谈”，纵是“美谈”付诸实施也需要勇气与眼界，以娱耳目是一回事，身体力行又是另一回事。在大庭广众下抛头露面出演爱

泰戈尔在北京的时间里，日程安排得很满。他出席了社会各界的欢迎会和座谈会，到北大、清华、燕京等几所大学作了演讲，拜会了末代皇帝溥仪。林徽因始终伴随在泰戈尔身边，参加了所有的这些活动。

情戏，林徽因的作为，需要极大的勇气与魄力。

1937年，林徽因创作的四幕剧《梅真同他们》发表于《文学杂志》，剧本描写一个大户人家的丫头梅真，在“五四”思想启蒙运动作用下的环境里，所经历的独特的人生际遇，以及由此带来的爱情悲剧，人生悲剧。

这是头一部也是唯一一部剧本创作，林徽因在《梅真同他们》中表现出的技巧的纯熟却令人叹服。虽说是四幕剧，但实际上《梅真同他们》只写出三幕。抗战后，中断了她的写作计划，不少热心的读者也曾追问林徽因：梅真后来怎样了？林徽因笑答：抗战去了。

作为在国外学习舞台美术设计的第一人，林徽因还曾经为天津南开新剧团公演的话剧《财狂》担任舞美设计。《财狂》改编自17世纪法国剧作家莫里哀的《吝啬人》。故事叙述一个富裕的守财奴韩伯康，即使对自己的儿女也一样吝啬，他因为不肯出嫁妆，便将女儿韩绩丽许给一个年老的商人陈南生，韩绩丽的情人森梵籁为求爱情的圆满不得已去韩家做账房先生。韩伯康一心要娶儿子韩可扬钟爱的姑娘木兰为继室；儿女束手无策之际，他们的仆人费升将守财奴的大皮包——全部生命财产之所在——偷了去，结果是逼他答应不娶木兰。有情人终成眷属，却发现木兰与梵籁原来是陈南生的儿女。韩伯康得回股票，大喜过望，继之股票跌价，伏地不起，全剧结束。

应该说《财狂》的成功，是张彭春、曹禹、林徽因的成功。尤其是林徽因，她以舞台美术的专业素养，以不俗的眼界与功力，为舞台剧作美术设计，一生就只此一次，单只因这是唯一一次，就值得纪念，更毋宁说她的匠心独具获得了如潮的好评，《财狂》公演，林徽因成为报界关注的焦点。这是林徽因自身魅力的华彩所在，这个结果是必然的。

自信对于女人是很重要的一种品性，有自信的女人总是能坦然地面对社会，面对生活赋予她的一切，如果你想做个美丽女人，就得拥有自信。只要你有自信，你就拥有了美丽，只要你有自信，你就拥有了世界，拥有一切。

**陈岱孙小百科**

陈岱孙（1900～1997），原名陈总，生于福建省闽侯县。著名经济学家、教育家。1924年取得哈佛大学文学硕士学位。1926年取得哈佛大学哲学博士学位。著名经济学家、教育家。主要著作有：《经济学说史讲义》《经济学说史》等；主要论文有《规范经济学、实证经济学和西方资产阶级经济学说的发展》《现代西方经济学的研究和我国社会主义经济现代化》等。陈岱孙解放后发表的论著结集为《陈岱孙文集》，另有《陈岱孙学术论著自选集》。他也是林徽因“太太客厅”的常客之一。

## 把服装当成自己的另一张脸

女人对服装的追求是永无止境的。环顾街头，那或飘逸，或婀娜，或娇艳，或淡雅的衣裙飘飞，它们就好像没有声音的音符，上下左右地跳动，让我们的生活也随之律动了起来。

## 服饰，也是一种文化

林徽因在北京培华女中时，这是当时教会的贵族学校，一身校服穿在身上，中式上衣配西式百褶裙，愈显得她时髦清丽。当然，不是每一个女人都有着天然的美丽、混若天成的气质，所幸，先天的容貌虽然很难改变，但我们的服装却是可以改变的。

林徽因是个美女，但也和所有爱美的女人一样，对服装情有独钟。1927年，与梁思成结婚时，她一反常规、亲手设计了有东方神韵的婚礼服，对比设计东方式结婚礼服、穿旗袍的林徽因，再对比身穿西服、摩登漂亮的梁思成，则现代与传统、西方与东方，就这样奇妙而和谐地结合在林徽因身上，一时间万人侧目。她的那身礼服有林徽因内在的、一致的一种审美趣味，即基本摒弃了西式服装的元素，以不合常情的大胆想象，塑造出古雅、浓郁、特异的东方风格。这种美丽让人过目不忘。美是超越国界、不需要语言的，林徽因的结婚礼服，吸引了大批的加拿大新闻摄影记者。服饰，在林徽因身上，是一种文化。

据说，在这之前，林徽因也曾尝试研究过中国古代的妇女服装。1925年，在美国留学的闻一多策划创办一个有关各种艺术门类的杂志，拟取名《雕虫》或《河图》，在拟定的四期目录中，向林徽因预定的稿件就有三篇，分别为《帕敷罗娃的艺术》《帕敷罗娃舞蹈摄影》以及《中国妇女服装问题》（闻一多致梁实秋信，《闻一多全集》），闻一多的杂志最后不知踪影何在，林徽因的《中国妇女服装问题》一文也难现庐山真容。

到1936年，发表于《中国营造学社汇刊》的古建筑考察报告的心得中提及到古代服饰：

两种飞仙，一种着“印度湿折的衣裳而露脚”“肥笨而不自然”；另一种“短衣长裙，衣沼简而不韵，肩带长而回绕”“轻灵飘逸，极能表现出乘风羽化的韵致”，林徽因凭服饰判断着“印度式短裙”、有浓重异国色彩的是前期刻像，还停留在描摹印度飞仙的水平；而“体态修长”“短衣长裙”，肩上飘带曲折回绕，衣沼“简而有韵”的，能体现出“中国神情美感”，显然是后期融会成熟的作品。两相比较，林徽因个人喜好，不言自明，从服饰角度考证云岗石刻，深入浅出，看似简单，凭借的却是多年研究的经验与眼光，由美术而服饰而建筑，林徽因的路，走得令旁人望尘莫及，她对服饰的喜好，也喜好得不同一般了。

## 服饰是女人的第一张名片

林徽因年轻时候穿衣服是很讲究的，结婚生子后容光依旧。郭心晖女士中学时代听过林徽因讲课，她告诉来访者：

一九三二年或一九三三年，林徽因到贝满女中为我们讲演“中国建筑的美”。她穿的衣服不太多，也不少。该是春天或秋天，当时这类活动一般都排在上午，在大礼堂。我们是教会学校，穿着朴素，像修女似的。见到林徽因服饰时髦漂亮，相貌又极美，真像是从天而降

美是超越国界、不需要语言的，林徽因的结婚礼服，吸引了大批的加拿大新闻摄影记者。

的仙女。林徽因身材不高，娇小玲珑，是我平生见的最美的女子。她讲话虽不幽默，却吸引人。当时我们似乎都忘了听讲，只顾看她人。

云南大学中文系全振寰教授曾于1935年在国立北平大学女子文理学院就读，当时林徽因在外语系教《英国文学》课，全教授修读过她上的这门课，忆起当年的情况，她说：

林徽因每周来校上课两次，用英语讲授英国文学。她的英语流利，声音清脆悦耳，讲课亲切、活跃，谈笑风生，毫无架子，同学们极喜欢她。每次她一到，学校立即轰动起来。她身着西服，脚穿咖啡色高跟鞋，摩登、漂亮而又朴素、高雅。女校竟如此轰动，有人开玩笑说，如果是男校，那就听不成课了。

两位女士眼里的林徽因正三十上下，自然风姿绰约。作家赵清阁见到的林徽因，已经人到中年，还是光彩照人：

林女士已经四十五岁了，却依然风韵秀丽。她身材窈窕，穿一件豆绿色的绸晨衣，衬托着苍白清瘦的面色，更显出恹恹病容。她有一双充满智慧而妩媚的眼睛，她的气质才情外溢。我看着她心里暗暗赞叹，怪不得从前有过不少诗人名流为她倾倒！

由此，我们俨然看到了这样的一个林徽因，她娇小玲珑，有一双充满智慧而又妩媚的大眼睛，她高雅精美时髦漂亮且充满了活力。中年后的她，依然姣好苗条风韵秀丽……她就是一道风景，走到哪里都能引起轰动，就是今天的这些女明星们恐怕也望尘莫及。怪不得从前有过不少诗人名流为她倾倒！

先不说林徽因怎样将服饰研究出了让人难以企及的专业度，

即使是再普通平凡的女人，服饰也是可以改变她一身气质，彰显女性魅力的第二张脸。这世上没有不美丽的女人，只有不会穿衣服的女人。

不管女人们追求一种什么样的生活，但她们终身的目标，不外乎做个精致美丽的女人，或优雅的美丽，或婉约的温柔，或干练的帅气，或妩媚的风情，或淡雅的飘逸，或清纯的自然、或慵懒的高贵等，千柔百媚。女人的服饰常常是一种无声的表达，得体高雅的着装可以散发出女人的魅力，展现出女人的光彩。

**闻一多小百科**

闻一多（1899～1946），汉族，原名闻家骅，又名多、亦多、一多，字友三、友山。中国现代伟大的爱国主义者，坚定的民主战士，中国民主同盟早期领导人，中国共产党的挚友，诗人，学者，民主战士。新月派代表诗人，作品主要收录在《闻一多全集》中。与林徽因同在美国留学，都为新月派诗人。

## 用好口才把握谈话主题

好的口才是打开人与人之间沟通之门的钥匙，能够顺畅地表达自己的意图，让别人乐于接受其想法，一个拥有好口才的人说出来的话大都能拨动人们的心弦。

## 好口才能吸引人

林徽因的善谈是很出名的，她很喜欢和人交流，分享自己的心得。林洙才从福建到清华时，作为同乡及远亲，林徽因兴致勃勃地向她介绍北京的历史："北京城几乎完全是根据《周礼·考工记》中'匠人营国，方九里，旁三门，国中九经九纬，经涂九轨，左祖右社，面朝后市'的规划思想建设起来的。"

林洙当时哪懂这些，林徽因便又向她详细地解释何为"左祖右社"，何为"经涂九轨"。谈颐和园的长椅时，林洙觉得特别有趣，林徽因便摆手说："颐和园前山太俗气了，颐和园的精华在后山。沈从文现在正住在谐趣园，你可以去找他，请他做向导。"

时隔五十余年后，林徽因当初留给林洙的震撼仍十分清晰：

我从梁家出来感到既兴奋又新鲜……她是语言艺术的大师，我不能想象她那瘦小的身躯怎么能迸发出那么强的光和热，她的眼睛里怎么又那么能同时蕴藏着智慧、诙谐、调皮、关心、机智和热情。真的，怎么能包容那么多的内容。当你和她接触时，实体的林徽因便消失了，感受到的是她带给你的美和强大的生命力。她是那么吸引我，我几乎像恋人似的对她着迷……

她唯一的女性知己费慰梅回忆说：

她的健谈是人所共知的，然而使人叹服的是她也同样擅长写作，她的谈话和她的著作一样充满了创造性。话题从诙谐的轶事到敏锐的分析，从明智的忠告到突发的愤怒，从发狂的热情到深刻的蔑视，几乎无所不包，她总是聚会的中心人物。当她侃侃而谈的时候，爱慕者总是为她那天马行空般的灵感中所迸发出来的精辟警语而倾倒。

李健吾也曾有过这种表述：

她对于任何问题感兴趣，特别是文学和艺术，具有本能的直接的感悟。生长富贵，命运坎坷；修养让她把热情藏在里面，热情却是她的生活的支柱；喜好和人辩论——因为她爱真理，但是孤独，寂寞，抑郁，永远用诗句表达她的哀愁。

## 好口才能让你成为圈子的圆心

林洙在《大匠的困惑》回忆里回忆起林徽因一次和人谈话时显露出的好口才：

记得在梁家的茶会上，林徽因有一天和客人们谈起天府之国的文化。林徽因说梁思成在调查古建筑的旅途上，沿途收集四川的民间谚语，已记录了厚厚的一本。梁思成说，在旅途中很少听到抬滑竿的轿夫们用普通的语言对话，他们几乎都是出口成章。两人抬滑竿，后面的人看不见路，所以前后两人要很好地配合。比如，要是路上有一堆牛粪或马粪，前面的人就会说“天上鸢子飞”，后面的人立刻回答“地上牛屎堆”，于是小心地避开牛粪。西南山区的道路很多是用石板铺筑的，时间久了，石板活动了，不小心会踩滑摔跤，或把石缝中的泥浆溅到身上，这时前面的人就会高唱“活摇活”，后面的人立刻应声答道“踩中莫踩角(jǒu)”，诸如此类的对话不胜枚举。有时高兴了前后你一句我一句地唱起山歌，词汇丰富，语言优美。

梁思成说：“别看轿夫们生活贫苦，但却不乏幽默感，他们决不放过任何开心的机会。要是遇上一个姑娘他们就会开各种玩笑，姑娘若有点麻子，前面的就说‘左(右)边有枝花’，后面的立刻接上‘有点麻子才巴家’。”

林徽因接上来说：“要是碰上个厉害姑娘，马上就会回嘴说‘就是你的妈’。”大家都笑了。林徽因又说：“四川的谚语和民谣真是美呀！只要略加整理就能成为很好的诗歌与民谣，可以把它编一本《滑竿曲》。”可惜生命之神没有给林徽因时间去完成这个有意义的工作。

## 怎样拥有好口才

林徽因的口才是因她的见识和学识，也因她经常和朋友谈论时积极地表达自己的观点，其实，口才不是一种天赋才能，而是需要不断地训练的。

其实，要想拥有良好的口才，首先要掌握正确的发音，让自己吐字清楚。清楚的发音可以依赖平时的练习，注意别人的谈话，朗读书报，多听收音机广播等，这些均对正确的发音有较好的帮助。在说话的时候，要避免用艰涩的词汇，努力让每一句子明白易懂。用语艰深，并非是有学问、有魄力的表现，反而，不但会使人听不懂，弄巧成拙，误解你的意思或怀疑你的意思。好口才，是用大方熟练的语句，加上丰富的词汇，使说话内容多彩多姿，扣人心弦。

说话的速度要适中。说话太快有时容易让人听漏或是不易理解意思，而且自己也容易疲倦。有些人习惯了像机关枪一样讲话，其实说话的目的，是使对方领悟你的意思，而不在于讲话的快慢，如果因为你讲得太快让对方没听明白反而不美。当然，说话太慢也是不合适的，不但浪费时间，而且也会使听者感觉不耐烦。

同时，在说话的时候还要顾忌到对方的反应，别让人反感。平常谈话，每次不可太长，说话的时候不可唯我独尊，说话要清晰，让人明白意思即可；信口开河、放连珠炮，都是不好的说话方式。信口开河说明说话的人缺乏热诚，不负责任，而说话像放连珠炮，也使人厌烦，因为只要他一开口，别人可能就没有机会启齿了。

**钱端升小百科**

钱端升（1900～1990），字寿朋，上海曹行乡人。其著作除短篇外，有与王世杰合著的《比较宪法》，与人合著的《资产阶级宪法的反动本质》《民国政制史》。独著的《中国政府与政治》（英文版）《战后世界之改造》《政治与政治学》。译著《英国史》《法国的政府》《德国的政府》《法国的政治组织》。是林徽因“太太客厅”的常客之一。

## 适当的幽默让你更可爱

聪明的人不一定幽默，但幽默的人一定聪明。幽默是一种风度，一种优雅，一个没有幽默感的女人，就像鲜花没有香味，只有形没有神，少了几分灵活的韵味。

### 醋的反击

李健吾曾有几句对林徽因的描写，据说颇为生动传神：

（她）绝顶聪明，又是一副赤热的心肠，口快，性子直，好强，几乎妇女全把她当作仇敌。我记起她亲口讲起的一个得意的趣事。冰心写了一篇小说《太太的客厅》讽刺她，因为每星期六下午，便有若干朋友以她为中心谈论时代应有的种种现象和问题。她恰好由山西考察庙宇回到北平，她带了一坛又陈又香的山西醋，立时叫人送给冰心吃用。

这只是一个无伤大雅的玩笑，用李健吾的话说，冰心和林徽因是朋友，也是仇敌，女人之间的友谊向来莫测，加上文人相轻，她们俩即是文人，也是女人，两人的关系也是很矛盾的。后来冰心对林徽因那“太太的客厅”的称谓倒是被她不客气地接了过来。

## 炮火中的站长

费正清和费慰梅的信用了三个月时间，经过战时曲折而漫长的邮路，从美国到重庆，从重庆到宜宾，从宜宾到李庄，终于到了他们手中。林徽因、梁思成和金岳霖喜悦地传阅着。在这里，每收到一封信，就像过节一样令人高兴。

林徽因给费正清和费慰梅写回信那天，大队日本轰炸机正从李庄上空飞过，她的信里充满了乐观和幽默：

……尽管我百分之百地肯定日本鬼子肯定不会往李庄这个边远小镇扔炸弹，但是一个小时之前这二十七架从我们头顶轰然飞过的飞机仍然使我毛骨悚然——有一种随时都会被炸中的异样的恐惧。

……我们很幸运，现在有了一个农村女佣，她人好，可靠，非常年轻而且好脾气，惟一缺点是精力过剩。要是你全家五口只有七个枕套和相应的不同大小和质地的床单，而白布在市场上又和金箔一样难得，你就会看到半数的床单和两个枕套在一次认真地洗涤之后成了布条，还有衬衫一半的扣子脱了线，旧衬衫也被揉搓得走了形而大惊失色。这些衬衫的市价一件在四十美元以上。在这个女佣人手里，各种家用器皿和食物的遭遇都是一样的。当然我们尽可能用不会打碎的东西，但是看来没有什么是不会碎的，而且贵得要命或无可替换。

思成是个慢性子，愿意一次只做一件事，最不善处理杂七杂八的家务。但杂七杂八的事却像纽约中央车站任何时候都会到达的各线火车一样冲他驶来。我也许仍是站长，但他却是车站!我也许会被碾死，他却永远不会。老金(正在这里休假)是那样一种过客，他或是来送客，或是来接人，对交通略有干扰，却总是使车站显得更有趣，使站长更高兴些。

……

林徽因写好信，叫金、梁二人过来看，问他们要不要给费正清和费慰梅写几句话。

## 旅客与车站也幽默

金岳霖看了林徽因的信，便接着写了几行幽默的附言：

当着站长和正在打字的车站，旅客除了眼看一列列火车通过外，竟茫然不知所云，也不知所措。我曾不知多少次经过纽约中央车站，却从未见过那站长。而在这里却实实在在既见到了车站又见到了站长。要不然我很可能把他们两个搞混。

梁思成读完林徽因的信和金岳霖的附言，在信的末尾也幽了一默：

现在轮到车站了：其主梁因构造不佳而严重倾斜，加以协和医院设计和施工的丑陋的钢板支架经过七年服务已经严重损耗，从我下面经过的繁忙的战时交通看来已经动摇了我的基础。

……

费正清和费慰梅在华盛顿收到了林徽因的信，读着信里的文字，感受到她的艰苦和不妥协的幽默，好友费慰梅哽咽得说不出话来。

信写在几张不同质地、大小不一的信纸上，这些纸发黄发脆而且薄。费慰梅猜想，也许这些纸是包过肉和菜的，可以想象他们物质的匮乏。信纸上的每一小块空间都充分利用了，整封信没有天头，没有地脚，甚至也不分段，字写得小而密集。最后一张只有半页，那余下的半页纸可能是被裁下来留做别的用途了。这样一封信，封面所贴的邮票却非常贵。可以想见，为了寄这封信，一定用去了林徽因家一大笔开支。

一个幽默的女人，肯定是一个热爱生活的女人，有着淡淡的从容和深深的勇气，一个懂得幽默的女人，她不一定美丽，却很智慧，而且善解人意。她会用带笑的心去体会生活、感受生活，去化解生活上的一切问题。

**李健吾小百科**

李健吾（1906～1982），笔名刘西渭。近代著名作家、戏剧家。曾任国务院学位委员会评议组成员、法国文学研究会名誉会长。代表作品《草莽》《这不过是春天》《青春》《山东好》《金小玉》，著有长篇小说《心病》等。译有莫里哀、托尔斯泰、高尔基、屠格涅夫、福楼拜、司汤达、巴尔扎克等名家的作品，并有研究专著问世。1934年初，林徽因在《文学季刊》上读到李健吾关于《包法利夫人》的论文，非常赏识，随即写了长信给李健吾，约李来她家里面晤，此后二人成为好友。

## 有几样能和别人分享的兴趣爱好

女人一定要有几项兴趣爱好，通过兴趣爱好来陶冶性情，修身养性，提高自己的生活品位和素质。

### 新月派代表人物之一

对于林徽因来说，建筑学是她的工作，而她又是一位兴趣十分广泛、能力超群的文化名人，她会画画，也会作诗，还会演戏，是一位世人公认的才女。

现在的人大都知道她和梁思成一样在建筑界是位专家，是国徽的设计者之一，但很少有人知道并认真读过她的诗，她的散文和小说、剧本。她在20世纪30年代初受“新月派”的影响开始写诗，她的诗很美，善于用充满意象的语言描绘自然景物，是中国现代文学史上三位公认的杰出的福建籍女作家之一，另外两人是冰心、庐隐。

林徽因的文学作品加起来不过十来万字，主要有《你是人间四月天》《谁爱这不息的变幻》《笑》《清原》《一天》《激昂》《昼梦》《瞑想》等诗篇几十首；话剧《梅真同他们》；短篇小说《窘》《九十九度中》等；散文《窗子以外》《一片阳光》等。其中代表作为《你是人间四月天》，小说《九十九度中》。但这仅有的一点东西，按后人的评价，“几乎是篇篇珠玉”。虽然写的不算多，但她的写作必是由她心坎里爆发出来的，不论是悲是喜，必得觉得迫切需要表现时才把它传达出来。

汪曾祺就曾如是称赞："她是学建筑的，但是对文学的趣味极高，精于鉴赏，所写的诗和小说如《窗子以外》《九十九度中》，风格清泠，一时无二。"

与林徽因相比，另外两位女作家冰心和庐隐的作品出版过很多部，在文化界，即使到今天也算大名鼎鼎了。而林徽因的诗虽然早在1937年就准备出版，但由于抗日战争爆发而迟迟未见动静，直到陈钟英、陈宇在1985年编纂出版了《林徽因诗集》，共收集了55首1931年到1948年她所写的新诗，这些诗绝大部分发表在20世纪三四十年代的报刊上。

## 京派名家

林徽因小说虽仅有六篇，但已具有鲜明的艺术特色，文体上纯正、雅致，语言简洁，描写精细，审视题材深刻，结构内容周密，表现手法理智而隽永，可见她受到中国古典小说和西方现代小说的内在影响，已形成一种兼有古典意味的现实主义风格。她"通过自己的小说、剧本和散文，是有意识地要对当时她所观察到的社会现实有所反映"，在京派诸多名家之中，既反映京派的一般风貌，又卓然自成一家，她作品中的柔曼、温婉自是杨振声、沈从文、萧乾、师陀这些男性作家所不具备的，即使京派中同为女性的凌淑华与她也大异其趣。其艺术的精湛，甚至在不少颇负盛名的女作家之上。

不过，除了中国古代建筑学的研究之外，她更多的兴趣在于诗，而不是小说。1934年5月，她和朋友自费创办了纯文学性质的杂志《学文》，如卞之琳所说："这个刊名，我也了解，是当时北平一些大学教师的绅士派头的自谦托词，引用'行有余力，则致以学文'的出典，表示出余性质。"该刊的另外几位主要成员，如闻一多、叶公超都是文学专业的教授，而林徽因作为业余性质的小说作家，活跃在他们这个圈子之中。

在林徽因的"太太客厅"，她经常朗诵诗歌或自己喜爱的作家与作品，并不刻意回避，这也是林徽因作为一个文学家的特质。梁从诫谈到林徽因朗诵时的情景说："特别是在她自己朗读的时候，常常像是一首首隐去了曲谱的动听的歌。"遗憾的是，大概没有多少人有幸听过女诗人自己的朗读。

除此之外，林徽因还是一个戏剧爱好者，对于戏剧，凡林徽因的朋友，几乎不约而同地提到过她对戏剧的狂热。卞之琳说林徽因"酷爱戏剧"；费慰梅说"戏剧曾强烈地吸引过她"；梁从诫也说"母亲始终是一个戏剧爱好者"。费慰梅曾经说过，林徽因热衷于戏剧，并不限于传统戏曲还是新剧，而是一种兼收并蓄式的爱好，她"疯狂地喜欢梅兰芳""为能把传统戏曲带进20世纪节奏的前景而喜欢"。而对新剧，在当时尚属新生，林徽因也算开风气的实验者之一了。

不论是诗、散文、小说还是戏剧、舞台美术，对林徽因而言都是兴趣爱好，她的兴趣广泛，这也让她充满了对生命的热忱，也很少有人能像林徽因一样，在业余的领域获得那么大的成功和赞誉。她是把她的兴趣爱好玩出了高雅，玩出了格调。

不可否认，有一些人能将爱好做到了专业的严谨程度，就像林徽因，但那与她的本性，也和业务本身息息相关。她怀着一种完美主义的理想追求真理的最高境界，对一切爱好和工作平等对待，因此她在各方面的成功都是理所当然的。但这种程度，是常人难以企及的。

**钱伟长小百科**

钱伟长（1912~2010），江苏无锡人，中国近代力学之父，世界著名的科学家、教育家，杰出的社会活动家，中国科学院资深院士，上海大学校长，南京大学，暨南大学，南京航空航天大学，江南大学名誉校长，耀华中学名誉校长。钱伟长院士兼长应用数学、物理学、中文信息学，著述甚丰——特别在弹性力学、变分原理、摄动方法等领域有重要成就。与钱学森、钱三强被周总理合称为“三钱”。林徽因“太太客厅”好友之一。

Part 4

# 女人要有自己的事业
# ——像林徽因一样拥有专家范儿

## 一定要有自己的事业

人在一生中，都需要寻找一项自己可以终身托付的事业。所谓终生的事业，并非是我们大半生都在从事的工作，两者很可能不同，而它带给我们的快乐、成功，甚至财富，却是其他任何工作都不能比拟的。

### 女房东带来的事业梦想

林徽因的兴趣爱好很广泛，但令人瞠目结舌的是，作为一个女子，她却选择了似乎与钢筋水泥打交道的建筑作为她的终身事业。她与建筑究竟是怎样结缘的呢?

1921年初夏，16岁的林徽因伴随父亲到欧洲进行考察。按照出访计划，林长民带着林徽因游历了法国、意大利、瑞士、德国、比利时的一些城市。林长民都带着女儿领略那一处处文化名胜，一个个博物馆，还有工业革命后迅速发展起来的一家家工厂、报馆，他认为，这些地方体现了现代资本主义的生产方式和经营方式，可以给中国社会今后的改良做参考，故“不可不观”。

回到伦敦之后，林徽因考入伦敦圣玛利亚女子学院学习，父女俩的客居生活正式开始。父亲林长民忙碌于国联事务，常常顾不上林徽因。林徽因成了父亲伦敦客厅的女主人，每天接待许多前来拜访父亲的中外人士。这种社交活动虽然让林徽因多了一个了解社会的窗口，也让她倍感孤单。

当时，林家的女房东是一位建筑师，因为缺少朋友，林徽因便常和她一道出去写生、作画。家距离剑桥不远，她最爱去那一带，因为那里有画不完的各种建筑和景致。林徽因常常拿着一本书，随她坐在草坪上，观看着富丽庄严的皇家教堂，感受着它散发出来的宁静、幽雅的气息，“三一学院”图书楼上，拜伦雕像风神潇洒地凝视着遥远的天际。从女房东口中，林徽因知道了建筑师与盖房子的人的区别，懂得了建筑与艺术密不可分。以这样的眼光再去回想她在国内国外看过的庙宇和殿堂，果然就对这些建筑有了不同的理解和感受。从这时起，林徽因萌生出了对未来事业的朦胧愿望。

回到国内后，她曾兴致勃勃地和梁思成谈起这次旅欧的感受，也定下要学建筑的宏愿。当时梁思成对未来还没有确定的方向，见识到她对建筑的热情，便默默许下学建筑的决心。谁知，就是这一番小儿女般的聊天，竟然让中国出现了近代最著名的两位建筑学家。

## 坚持并热爱自己的事业

在不到二十岁的年纪，林徽因便立下了学习建筑的志愿，在她看来，建筑是一个“把艺术创造与人的日常需要结合在一起的工作”。而且建筑所需的不只是奔放的创造力，更需严谨的测量，技术的平衡以及为他人设想的体恤和巧思，这能让她的聪慧、才干和天分都得以施展。

1936年，林徽因曾在写给费慰梅的信中说：

“是的，我当然懂得你对工作的态度。我也是以这种态度工作的，……最认真的成绩是那些发自内心的快乐或悲伤的产物，是当我发现或知道了什么，或我学会了去理解什么而急切地要求表达出来，严肃而真诚地要求与别人共享这点秘密的时候的产物。对于我来说，‘读者’并不是‘公众’，而是一些比我周围的亲戚朋友更能理解和同情我的个人。”

所以，我们不难理解林徽因听到金岳霖说她是“林下美人”的时候的不悦，好像女人除了美丽就没事可干似的。波普运动的提倡者沃霍尔曾经说：“我其实不特别喜欢‘美人’。我真正喜欢的是‘健谈者’。好的健谈者都很美丽。健谈者在做一件事；美人是在‘当’一种人。”这句话也是林徽因的写照。

当与梁思成的感情到达谈婚论嫁的阶段时，她以梁思成必须去学建筑为条件。只是当时的梁思成一心想要子承父业学习西方政治，据梁思成自己说：“我当时连建筑是什么还不知道。徽因告诉我，那是融艺术和工程技术为一体的一门学科。因为我喜欢绘画，所以也选择了建筑专业。”之后，梁思成在建筑业所取得的成就，无疑都是因了林徽因的坚持，她的智慧与冷静对梁思成一生的立志起了很关键的作用。

《林徽因传》里有一个非常贴切的比喻：

如果用梁思成和林徽因终生痴迷的古建筑来比喻他俩的组合，那么，梁思成就是坚实的基础和梁柱，是宏大的结构和支撑；而林徽因则是那灵动的飞檐，精致的雕刻，镂空的门窗和美丽的阑额。他们是一个厚重坚实，一个轻盈灵动。他们的组合无可替代。

1936年，为了实地测量古建筑，林徽因与梁思成一起登上了宁静肃穆的天坛祈年殿屋顶。她是中国历史上第一个敢于踏上皇帝祭天宫殿屋顶的女性。即使是在患病期间，她也要陪着梁思成翻山越岭，到处寻访古建筑。两个人到处寻访那些古桥、古堡、古寺、古楼、古塔，透过岁月的积尘，勘定其年月，揣摩其结构，计算其尺寸，然后绘图、照相、归档，他们的足迹错错落落地刻印在了中华大地诸多的历史和地理场所。

日本建筑学界甚至断言：“中国已不存在唐代木结构建筑。”就因为这句话，深深刺激了这对年轻夫妇，他们发誓要找到唐代木结构建筑。后来，在一个名叫豆村的小山村，他们终于得偿所愿。

林徽因的儿子梁从诫生前回忆说：“直到许多年以后，母亲还常向我们谈起他们的兴奋心情，讲他们怎样攀上大殿的天花板，在无数蝙蝠扇起的千年尘埃与臭虫堆中摸索测量。”林徽因凭着一双远视眼，发现大梁下有一行隐隐约约的字迹。“为了求得题字的全文，他们在梁下支起高架，清洗梁底尘垢，看出了一行‘功德主故左军中尉王’的字样，字体均是唐风。字的意思表明：修建大殿的施主是一位宦官，官衔是左军中尉（由宦官出任，执掌唐代的中央禁军），姓王。”清华大学建筑系第一班毕业生张德沛回忆说，林徽因在佛光寺测绘时，与当地老百姓和教书先生相处极为融洽，“他们主动帮她拉皮尺、拓碑文”。面对大殿角落中“女弟子宁公遇”庄严美丽的雕像，林徽因更生出一种崇敬的心情。“母亲说，她恨不得也为自己雕一尊像，让自己陪着这位虔诚的唐朝妇女，在肃穆中盘腿再坐上一千年！”梁从诫说。

其实事业和家庭是可以两者兼得的，家庭是女人的精神支柱，事业也可以是不可缺少的一部分，当然，这不是说女人一定要做女强人，在家里与男人争夺主权，而是让自己与对方能够真正在精神上、物质上达到平等，只有平等，才能对话。而且，女人只有投入到事业中，才能捕捉到社会精彩的瞬间，与社会同步，才能散发出女性的魅力。林徽因和梁思成的婚姻为什么那么令人称羡？因为她在人格上、事业上，都得到了梁思成的真正尊重。

**朱光潜小百科**

朱光潜（1897～1986），字孟实，笔名孟实、孟石。安徽省桐城县人，北京大学教授。是中国现代美学的开拓者和奠基者之一，并致力于美学研究、美学教学，介绍、翻译、论著美学的著述多达六百余万字，开拓了中国美学研究的新领域。代表作品有《朱光潜选集》《悲剧心理学》《无言之美》《谈美书简》等。经常于林徽因的“太太客厅”谈论美学，1986年3月6日，朱光潜在北京病逝，终年89岁。

## 在自己的领域成为专家

著名的成功学家博恩·崔西说："就像一张招聘的海报上所写的，'在各个方面成就自己'应该是你的目标之一。只有那些表现出色的人才能得到丰厚的回报，表现平平的人得到的回馈也很一般，而表现不好的人，则要经受失败和挫折，所获甚微。"因此，无论从事什么职业，都应该术业有专攻。

### 我们的房子为什么会有斗拱

1932年的阳春三月，林徽因《论中国建筑的几个特征》在《中国营造学社汇刊》上发表。这是林徽因第一篇建筑学研究的论文，也是她对中国建筑艺术纲领性的总结。写作这篇论文时，她正怀有身孕，强烈的妊娠反应使她常常脸色苍白，不得不离开写字台和绘图板。可整篇文章的思路、包括其中许多图例的绘制，却完成得十分顺利和流畅。

她对中国建筑最具代表性的斗拱作了分析，说明中国建筑历代演变过程：

斗拱是柱与屋顶间的过渡部分。使支出的房檐的重量渐次集中下来直到柱的上面。斗拱的演化，每是技巧上的进步，但是后代斗拱(约略从宋元以后)，便变化到非常复杂，在结构上已有过当的部分，部位上也有改变。……在中国建筑演变中，斗拱的变化极为显著，竟能大部分的代表各时期建筑技艺的程度及趋向。

……

最早的斗拱实物没有木造的，是由仿木制石刻看到的。从仿木造汉石阙的最简单斗拱，再到北魏‘云冈石窟’前门刻有象今日一斗三升之制的斗拱，就到了唐、宋代斗拱，唐、宋代就进化到斗拱中最有机的部分‘昂’。

而从唐、辽、宋、元、明、清斗拱的比较，即可见其由大而小、由简而繁、由雄壮而纤巧、由结构的而装饰的、由真结构的而成假刻的部分如昂部、分布由疏朗而繁密。不只结构和受力大为降低，比起唐、宋建筑雄壮豪劲相差太多了。

……这九百多年之间，建筑的气魄和结构之直率，的确一代不如一代，但是我认为还在抄袭时期；原始精神尚大部保存，未能说是堕落。

## 古建筑的工程研究

除了在构架上的研究，对于工程，林徽因也表达了自己的看法：

中国主要建筑材料为木，次加砖石瓦之混用。

中国木造结构方法，最主要的就在构架之应用。北方有句通行的谚语，“墙倒房不塌”，正是这结构原则的一种表征。其用法则在构屋程序中，先用木材构成架子作为骨干，然后加上墙壁，负重部分全赖木架；毫不借重墙壁；所有门窗装修部分绝不受限制，可尽量充满木架下空隙，墙壁部分则可无限制的减少。

清代匠人对于木料，尤其是梁，往往用得太费。他们显然不明了横梁载重的力量只与梁高成正比例，而与梁宽的关系较小。匠师对于梁的尺寸，因没有计算木力的方法，不得不尽量放大，结果不但是木料之大靡费，而且因梁本身重量太重，以致影响及于下部的坚固。

中国匠师素不用三角形。他们虽知道三角形是惟一不变动几何形，但对于这原则却极少应用。在清式构架中，上部既有过重的梁，又没有用三角形支撑的柱，所以清代的建筑，经过不甚长久的岁月，便有倾斜的危险。

地基太浅是中国建筑的一个大病。普通则例规定是台明高之一半，下面垫几步灰土。这种做法很不彻底，尤其是在北方，地基若不刨到冰线以下，建筑物的安全方面，一定要发生问题。

最后，林徽因非常自信地说："好在这几个缺点，在新建筑师手里，根本就不成问题。我们只怕不了解，了解之后，去避免或纠正它是很容易的。"

## 建筑学的理论成就

林徽因对建筑理论也有论述："我们知道一座完善的建筑，必须具有三个要素：适用、坚固、美观。"然后她对中国建筑进行了各个方面的论证，又述道“…中国建筑，不容疑义的，曾经具备过以上所说的三个要素：适用、坚固、美观”。

林徽因对建筑审美的三个原则，进行的详细阐述，是中国大地上第一次运用国际建筑学公认的原则来评审中国建筑，其理论上的价值是极大的。

直到今天，当我们阅读这篇专业性很强的论文时，仍不能不叹服林徽因高屋建瓴、一气呵成地驾驭材料的能力。这样酣畅的笔墨决不能仅仅用才华和灵气来解释，而是她长期耕耘、了然于心的结果。

林徽因在建筑学方面表现出她的学术和理论的成就。她的基本认识即使到现在也是被证明是十分正确的，并且不断地被发扬光大。林徽因不愧为中国第一批建筑学家中的佼佼者。在她写出这些论文，提出这些观点的时候，还没有哪位建筑学家发表过这种明确的学术思想。在此之后，建筑界的研究便呈万马奔腾的局面，可见，将林徽因定位为中国建筑历史与理论的奠基者与先驱者也不为过。

而1932年的林徽因，年仅28岁。

专业是利斧之刃，没有锋利的刃，一把钝斧是难以披荆斩棘，更不用说开山凿石了。成功学大师拿破仑·希尔也说：“专业知识是这个社会帮助我们将愿望化成黄金的重要渠道。”即使你想获得的是更多的财富，也要不断学习和掌握你所从事的行业的相关的专业知识，哪怕是卖个包子，卖得最好的肯定是在口味或营销手段上最好的，这也是专业。所以，无论如何，我们都要在行业里面成为一等一的专才，只有这样，我们才能鹤立鸡群，高高在上。

**叶公超小百科**

叶公超（1904～1981），原名崇智，字公超，祖籍浙江余姚，广东番禺人，生于江西九江。著名外交家、书法家，新月派代表人物之一。曾任西南联大外文系主任，清华大学、北京大学外文系教授，中华民国外交部长（1950～1956），驻美大使（1956～1961），总统府资政。晚年寄情于书画创作，著有《介绍中国》《中国古代文化生活》《英国文学中之社会原动力》《叶公超散文集》等。是林徽因“太太客厅”的好友之一，1981年11月20日病逝于台北，终年77岁。

## 一生专注一项事业

所谓“专注”，就是集中精力、全神贯注、专心致志。专注乃是一种精神、一种境界，是“把每一件事做到最好”的态度，是“咬定青山不放松，不达目的不罢休”的执着。一个专注的人，往往能够把自己的时间、精力和智慧凝聚到所要干的事情上，从而最大限度地发挥自己的所有才智，努力实现自己的目标。

### 专心研究古建筑

林徽因最初爱上建筑学，可能是单纯因为对美的一种欣赏，但后来由于越来越多的了解、学习，她对建筑学产生了浓烈的兴趣，而对中国古建筑的考察则源于她强烈的民族使命感。

西方人说，世界建筑的大树统统植根于古希腊，中国建筑和日本建筑稀里糊涂莫名其妙地蹲在同一根小小的细枝末节上。当时国人却拿不出和世界通用的“语言”和证据来证明自己。日本人说，他们也有义务参与研究“支那建筑”，鉴于“支那国人”不会现代照相、测量技术，所以由日本学者承担实地测量考察，中国学者则承担文献梳理工作。所以中国的第一本古建筑史是日本人编写的，作为一个有良知的中国人，林徽因和梁思成都深深地感到刺痛，所以他们发誓定要编写一本中国人自己的古建筑史。

她和梁思成调查了河北蓟县的辽代建筑独乐寺，完成了建筑学论文《平郊建筑杂录》，而且打破日本人所谓中国已不存在唐代以前的木构建筑及要看唐制木构唯有去日本奈良的断言，赶在抗日战争爆发前寻觅、发现、鉴定了山西五台山唐代木构建筑佛光寺。正是凭借着这种执着的事业心和强烈的民族自尊心，她和梁思成以及营造学社的同仁们整理古籍，求教名匠，实地考察，调查测绘，使得他们当时的许多研究成果和测绘的许多古建筑图纸均达到了国际水平，令国外学者刮目相待，也使中国古代建筑的研究纳入了科学的轨道。

## 工作中常有艰辛

1933年，林徽因和梁思成花不少时间跑图书馆，阅读各地的地方志和其他书籍，了解准备考察的那一地方的历史、地理和宗教等方面的情况，记录下其中有关建筑的文字，以制订考察目录和考察计划。

但他们要考察的话，需要得到当地政府的支持。由于他们考察的地方多是穷乡僻壤，如果没有当地政府的支持，他们的行动可能会被当地人误解而受阻，有时甚至有生命危险。所以每次出发前，他们都会通过各种关系同当地政府和驻军联系，请求他们关照和保护这些考察人员；考察结束后，再请当地政府妥善保护这些古代建筑文物。

在当时，古建筑考察是一项默默无闻的工作。他们除了测量和照相的仪器外，工具包里那些可以伸缩的尺子和其他自制的工具，在他们攀援在古建筑上时都可以派上用场。由于以往野外考察时曾出现无处食宿的情况，所以他们还准备了轻便的吊床、行军床和一些罐头食品。林徽因、梁思成等人先到了大同考察云冈石窟，然后再到应县，应县有辽代木塔。

但那木塔不知是否还在。即使还在，是否还是建于辽代的那座。因为过去的考察中有过这样的经历：千辛万苦地跑了几百里路，结果见到的要么是一片废墟，要么是明清以后仿建的赝品。

## 病中也不忘工作

林徽因的一生是献给了建筑事业的，自从她还是在少女的时候萌发学习建筑的思想以来，她不断地以自己的行动履行着自己的诺言，不论是在新婚的旅行中，还是在危险的战争环境中，她都没有停止过，以至于牺牲掉了她的健康，也毫不在乎。

1949年1月，北平和平解放。为了在新中国成立后马上恢复工作，梁思成立即召集了建筑系的部分教师和学生，根据他多年考察取得的资料，同时发动大家共同收集建筑有关文献记载，林徽因也是怀着欣逢盛世的喜悦心情投入地工作，常常通宵达旦，忘了病痛。然而，那并不代表病情的好转。所有人都以饱满的热情，夜以继日地工作，从翻书、查资料，到刻钢板、折纸页、装订，都是用手工劳动，结果竟在一个月的时间内，完成了厚厚一本《全国重要文物建筑简目》。

在这本简目中，总计条目四百五十多条，将作为一级保护的古建筑有北平城、故宫、敦煌、云岗、龙门诸石窟、山东曲阜孔庙等。根据重要程度的不同，他们用小圈来区分。需要一级保护的古建筑条目头上加注了4个小圈，大家都戏称为“四星将”，次之的3个小圈，以此类推。重要加圈的就有近二百条。条目下附有详细的所在地点、文物性质、建造和重修年代，以及特殊意义和价值等，这个工作不但繁琐而且需要精确，工作量极大。林徽因对全书的条目，一一作了审核，并在说明中特别指出：“本简目主要目的，在供人民解放军作战及接管时保护文物之用。”

林徽因对事业的专注和热情使她一谈起建筑来就欲罢不能。在20世纪50年代，她的身体日趋衰弱，熟悉她的亲友都懂得，在拜访她的时候要带上能及时打住话头的人，能及时刹车，告辞而去，以免使她过度劳累。她的学生也总是要打听清楚她的睡眠怎样，晚上是否有开夜车，才决定要不要“打扰”她听她讲课。

林徽因正是由于她对事业的专注和热情，使她在建筑领域拥有巨大的成就。如果我们想要成就一番事业，实现自己的人生价值，只需要一个条件，那就是专注于自己的事业。

**李济小百科**

李济（1896～1979），字受之，后改济之。湖北钟祥郢中人。人类学家、中国现代考古学家、中国考古学之父。1911年考入留美预科学校清华学堂，1918年官费留美，入麻州克拉克大学攻读心理学，并于次年改读人口学专业，1920年获得社会学硕士学位后，转入美国哈佛大学，读人类学专业，获哲学博士学位。1922年，李济哈佛大学毕业，返回祖国，受聘于南开大学，任人类学和社会学教授。他主要致力于殷墟陶器、青铜器的研究，著有《西阴村史前遗存》《殷墟器物甲编·陶器》上辑、《李济考古学论文集》等，又与他人合著有《古器物研究专刊》。是林徽因的“太太客厅”常客之一。

## 在工作中焕发女人的热情

热情的心态是做任何事情都必需的条件。一个对工作充满激情的人，无论面对什么困难，无论前途看起来是多么的暗淡，他们总是有足够的信心把心目中的愿景变成现实。

### 热情让她笑对一切坎坷

林徽因给人留下的最深印象就是她的热情，她对文学对艺术，以及她对自己的建筑事业的热情。

从1937年开始，辗转数省颠沛流离的逃难途中，当初自北平带出的私人用品不是丢了，就是当了，而战前梁思成和营造学社的同仁们到各地考察所得到的各种资料——数以千计的照片、实测草图、数据、大量的文字记录等等，他们却无论何时都带在身边。但也有一些不便携带的照片底版、珍贵的文献、图册等，他们存放在天津的一家外国银行的地下保险库。谁知，1939年天津的一场大水，银行的地下室被淹，存放在那里的资料几乎全部被毁，林徽因和梁思成辗转两年后才得到消息，闻讯后禁不住痛哭失声。当初，正是因为对中国古代建筑充满热情，他们跋山涉水考察资料、勘探、拍照纪念，作为专业人士的他们，当然知道那些资料被损毁对建筑学研究是多大的损失。

在四川李庄简陋的农舍里，他们摊开了那些用性命保全下来的资料。梁思成、林徽因和营造学社的同事们决定，开始全面系统地总结整理他们战前的调查成果，着手撰写《中国建筑史》。同时，用英文撰写说明并绘制一部《图像中国建筑史》，完成他们当初从留学美国时就有的心愿。

这时，林徽因病了，但对工作的巨大热情使她不愿就这么闲在病榻上，于是她让梁思成从史语所给她借回来许多书，虽然病体让她不能像正常人一样活动自如，但躺在床上也可以翻阅典籍、查找资料的。这段时间，她读了大量的汉代历史，从中研究汉阙、岩墓的资料。她又翻译了一批英国建筑学期刊上的学术论文，还准备撰写关于住宅建筑的论文。

梁思成在写给费正清和费慰梅的信中，这样描述他们在李庄的生活：

……很难向你描述也是你很难想像的：在菜油灯下做着孩子的布鞋，购买和烹调便宜的粗食，我们过着我们父辈在他们十几岁时过的生活但又做着现代的工作。有时候读着外国杂志看着现代化设施的彩色缤纷的广告真像面对奇迹一样。……我的薪水只够我家吃的，但我们为能过这样的日子而很满意。我的迷人的病妻因为我们仍能不动摇地干我们的工作而感到高兴。

尽管生活艰难，尽管长期卧病，但她依然为自己能继续自己的工作而高兴不已，不管环境怎样恶劣，她的热情始终支持着她，让她能坦然面对。

## 找到正确的方向

林徽因之所以令人崇拜，不仅仅为她的绝世才华和对建筑学的开拓性贡献，更是因为她的坚强，她的眼光，她的文化使命感和她的价值趋向，她的取和舍——她选择了最有价值的事去付出毕生精力。虽有贫困，但从不卑微；虽有艰辛，但激情四射。

韦尔奇曾经说过：“有效的使命感需要在可能的目标与不可能的目标之间寻求一种平衡，它既要给大家一个清晰的方向感，以赢得最终的商业利益为导向，也要充满雄心壮志，让参与其中的人们感觉到自己在从事一项伟大的事业。”同时，使命感决定着“我们应该如何去赢”，它要求我们做出取舍和选择，从而避免陷入常见的、盲目的陷阱之中。它要求我们异常清楚自身的优势和劣势，明白自己能够在哪种竞争环境下赢得胜利。

工作热情是工作能力的前提和基础。一个人有才干而缺乏热情，什么事都干不好、干不成，其工作成果可想而知了；而一个充满热情的人，却能干好他力所能及的每一件事！

那些有所成就的人，几乎都有一个共同的特质：无论他们是从事的哪种职业，也无论他们的才智高低，他们都对自己所从事的工作抱有极大的热情，这是促成他们取得不凡成就的主要因素之一。林徽因之所以在建筑行业拥有那么大的成功，就是因为她的热情，而她对文学和艺术的热情同样也让她在这些领域内享有盛名。

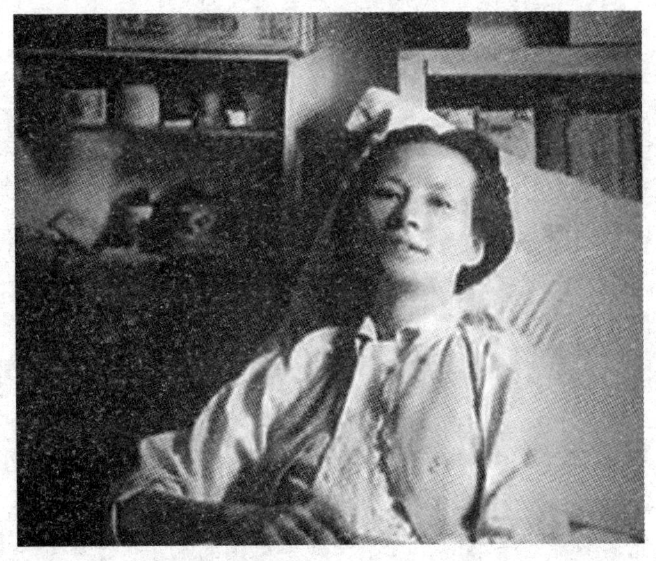

尽管生活艰难，尽管长期卧病，但她依然为自己能继续自己的工作而高兴不已，不管环境怎样恶劣，她的热情始终支持着她，让她能坦然面对。

**陶孟和小百科**

陶孟和（1887～1960），原名履恭，字以行，直隶天津县人，祖籍浙江绍兴。社会学家。他开创了中国早期最重要的社会学研究机构之一，并积极将所作社会调查成果推介到国际上，主导创立《社会科学杂志》《中国近代经济史研究集刊》等重要学术刊物，对中国社会学奠基与发展贡献卓著。林徽因好友之一。

## 对自己的工作充满爱

不是谁都能找到自己喜欢的工作，即使找到了，如果不努力，漫不经心，不会反省自己，照样干不好，得不到公司的认可。只有喜欢上自己的工作，爱上自己的工作，你才会精神集中地投入到工作中去，才能真正地做好工作。

### 挽救北京古建筑

结核病一直纠缠着林徽因，但她仍然坚持工作，似乎对生活和事业的这种热爱能减轻她的痛苦。

1948年年底，解放军包围了北平（今北京）。林徽因和梁思成一想到古城无数百年建筑可能毁于战火，日夜不眠，寝食不安。1949年年初的一天，林徽因家里突然迎来两位不速之客，这两人是解放军，他们拿着一张北平军用地图来找梁思成、林徽因夫妇，希望他们能用红笔圈出一切重要文物古迹的位置，以便被迫攻城时尽可能予以保护。这一举动让梁思成夫妇十分感动，欣然地在地图上将古建筑的位置一一标出，挽救了北平的无数古建筑。

北平解放后，林徽因受聘为清华大学建筑系教授，担任《中国建筑史》课程并为研究生开《住宅概论》等专题课题。新中国成立后，林徽因和梁思成焕发出前所未有的工作热情。梁思成创办了清华大学建筑系，夫妇二人共同在此执教，为我国培养出了一批批优秀的建筑师。当时中国正值百废待兴，他们的学生们后来有很多都为新中国的建设做出了大贡献。

## 荒凉的辽金陪都

为了能看到一张应县木塔的照片，判断这座建筑的建筑年代。梁思成寄了一封信到应县，收信人地址写的是“探投：山西应县最高等照相馆”。信中，他请应县照相馆的人帮忙拍一张近期应县木塔的照片。幸运的是，“应县最高等照相馆”居然有了回音。山西省应县白云斋照相馆给他们寄来一张木塔照片。

梁思成看着照片和信，兴奋地对林徽因说：“太幸运了，八九百年的木塔居然还这么完好!你瞧这家照相馆多有意思，他们不要拍照片的酬金，只想要一点北平的信纸和信封。”

于是，林徽因和梁思成及营造学社的刘敦桢、莫宗江一行五人前往大同。他们到了大同才发现，在这里居然找不到投宿的地方。街道上厚厚一层混合着煤尘的灰土，毛驴是这里主要的交通运输工具，车马店是唯一的“接待站”。

“谁能想到，”林徽因说，“这里在辽金时代曾是陪都!”

无奈中，他们回到了大同火车站，找到了市政当局。市政官员吩咐一家餐馆供给他们饮食，一日三餐的伙食是一人一碗汤面条。他们便是在这样困难的环境下测绘了建于辽金时代的华严寺和善化寺。

要不是林徽因和梁思成及他们同事的付出，现在我们申遗、申奥，亮出老祖宗留下的宝贝，可能根本说不清楚为什么我们的房子上有个大屋顶，屋顶上还有那么多装饰，每个部件叫什么名字。

## 精神不老

解放北平时，林徽因夫妇挽救了无数古建筑，这一直是林徽因极为自豪的事情，她对自己的建筑事业充满了爱。正是她的这种爱，令她无法原谅那些破坏古建筑的人，以至于出口骂人。

1953年5月，北京市开始酝酿拆除牌楼，这个城市开始对古建筑的大规模拆除。当时，负责解释拆除工作任务的是北京市副市长吴晗，为了挽救四朝古都仅存的完整牌楼街不因政治因素而毁于一旦，梁思成与吴晗发生了激烈的争论。梁思成被吴晗气得当场失声痛哭，后来更是因提倡以传统形式保护北京古城而多次遭到批判。

其后不久，文化部邀请文物界知名人士在欧美同学会聚餐，聚餐会上，林徽因与吴晗也发生了一次面对面的冲突。她指着吴晗的鼻子大声谴责："你们真把古董给拆了，将来要后悔的！即使再把它恢复起来，充其量也只是假古董！"同济大学教授陈从周对当时的情景记忆深刻："她指着吴晗的鼻子，大声谴责。虽然那时她肺病已重，喉音失嗓，然而在她的神情与气氛中，真是句句是深情。"如今，牌楼早已随着那场文化浩劫一起烟消云散，但林徽因当日的金刚怒吼，必将永远环绕在每一名具有良知血性的中国学者心头。

林徽因对建筑的热爱以及她对文化的良知令她赢得了很多人的尊重。这年十月，中国建筑学会成立，梁思成被推举为副理事长，林徽因被选为理事。他们二人还兼任了建筑研究委员会委员。也是这年，第二届全国文学艺术工作者代表大会，林徽因应邀出席，会上遇到萧乾，萧乾坐到林徽因身边，握握她的手，叫了她一声"小姐"。林徽因叹道："哎呀，还小姐呢，都老成什么样子了。"萧乾安慰说："精神不老，就永远不会老。"

同年12月，林徽因和梁思成银婚纪念，请来了他们的学生们来家庆祝，事后，林徽因因天气寒冷先进卧室休息，梁思成感慨地与学生们提到林徽因近年疾病缠身，憔悴了许多，但她心灵却仍旧那么温暖，充满创作的生命力，仍不停地用心工作，对生活充满热爱。

稻盛和夫说“自己就是工作，工作就是自己。”林徽因正是由于她迷恋工作、热爱工作，所以她才在战争前夕和同事们一起耗费精力将当时的北平，现在的北京城内的古建筑一一圈出，只为了保住古建筑；在重建北京城时，古城墙和古牌楼的拆毁令她痛心疾首，怒斥市长，如果没有对自己工作的大爱，又怎会有这样的勇气？

**林觉民小百科**

林觉民（1887~1911），字意洞，号抖飞，又号天外生，汉族，福建闽侯人。年少时接受民主革命思想，推崇自由平等学说。留学日本期间，加入中国同盟会。1911年春回国，留下情真意切的绝笔《与妻书》，和族亲林尹民、林文随黄兴、方声洞等革命党人勇猛地攻入总督衙门，转战途中受伤力尽被俘。在提督衙门受审时慷慨宣传革命道理，最后从容就义，史称“黄花岗七十二烈士”之一。林徽因的堂叔。

Part 5

# 女人因独立而美丽
# ——像林徽因一样做“最独特”的自己

## 不要轻易为了谁而改变

不管是在工作中，还是与人交往中，拥有自己独特的见解都很重要，因为一个人如果没有自己的立场，那么，她的工作就会变成被人操控的无聊事情，不但影响自己的工作效率，更会让自己心情低落，或者变成人云亦云没有自己特色的可怜虫。

### 要有自己的看法

梁思成说：“林徽因是个很特别的人，她的才华是多方面的。不管是文学、艺术、建筑乃至哲学她都有很深的修养。她能作为一个严谨的科学工作者，和我一同到村野僻壤去调查古建筑，又能和徐志摩一起，用英语探讨英国古典文学和我国新诗创作。她具有哲学家的思维和高度概括事物的能力。”

“所以做她的丈夫很不容易。中国有句俗话，‘文章是自己的好，老婆是人家的好。’可是对我来说老婆是自己的好，文章是老婆的好。我不否认和林徽因在一起有时很累，因为她的思想太活跃，和她在一起必须和她同样地反应敏捷才行，不然就跟不上她。”

林徽因不仅思维活跃，对待事物有自己独到的见解，而且她还能坚持自己的见解，并说服别人，让人信服。

1949年7月10日，中华人民共和国成立前夕，新政治协商会议筹委会，在《人民日报》等各大报刊，刊登了公开征求国旗、国徽图案及国歌词谱的启示。梁思成和林徽因领导了清华大学国徽设计组的工作，同时，梁思成还担任了国旗、国徽评选委员会顾问。

但是，全国各地、包括海外侨胞设计的九百多件图案，都没有被选用的，政协筹委会决定把设计国徽的任务交给清华大学和中央美院。

林徽因说：“国徽是一个国家的标志，它体现一个民族的历史，一个国家的意志，一个政党的主张。中国的国徽要有中国的特征，政权的特征，形式也要庄严富丽，应该表现中国人民的自豪感。商标只是商品的标志，它只具有商品注册的意义，这是两个完全不同的概念。我们必须加以区别。”

为了证明自己的观点，她还找出一些国家的国徽，一一说着这些国家国徽的历史和代表意义：“你们看这只国徽，是爱尔兰的……”林徽因还找了一些古代的铜镜、玉环、玉璧等工艺美术作品，作为参考资料，从中启发灵感。

国徽审查小组要求在国徽图案中有天安门图像的意见。林徽因认为这是一个很好的构想，便派人去画天安门的透视图。还好当时营造学社藏有测绘天安门建筑的图纸，有百分之一比例和二百分之一比例的天安门立面、平面、剖面图。

林徽因认为，在国徽图案中采用天安门立面图，可以使比例尺寸严格正确，同时在视觉上可以让人感到天安门广场的广阔深远。她还建议，把两个华表向左右方向拉开距离，这样有整体上的开阔感，构图也比较稳定。她在工作中，在讨论问题时，从不轻易妥协。

## 不轻易为了谁而改变

于是，在绘出一张又一张图纸，经过一场又一场争论后，大家的设计思想越来越明确了。林徽因始终主张，国徽应该放弃多色彩的图案结构，采用中国人民千百年来传统喜爱的金红两色，这是中国自古以来象征吉庆的颜色，用之于国徽的基本色，不仅富丽堂皇，而且醒目大方，具有鲜明的民族特色。讨论当然是激烈的，观点与观点的碰撞，美与美的较量，稍有不坚定，就会被别人的意见左右，但林徽因一直坚定地坚持自己的观点，她对于美，对于国徽所代表的意义，都有自己独特的看法。

经过三个多月的讨论和昼夜奋战，一枚定型的国徽图案诞生了。图案外圈环以稻麦穗，下端用红绶带绾接在齿轮上，国徽中央部分和下方是金色浮雕的天安门立面图，上方绘有金色浮雕的五星，衬在红色的底子上，如同天空中飘展的五星红旗。整个图案左右对称，庄严肃穆。林徽因提出的意见大部分被大家接受。

后来，经过些微的修改，在图纸上首，林徽因用红纸剪了“国徽”两个字，图的下方写了“国徽图案说明”：

国徽的内容为国旗、天安门、齿轮和麦稻穗，象征中国人民自“五四”运动、新民主主义革命斗争和工人阶级领导的以工农联盟为基础的人民民主专政的新中国的诞生。

1950年6月23日，全国政协一届二次会议召开，林徽因被特邀参加了这次会议。会上，通过了由梁思成、林徽因主持并设计的国徽图案。当掌声在大厅里回荡的时候，林徽因激动得热泪盈眶，她病弱的身体，已无力支撑她从座位上站立起来答谢了。

开国后的第二个国庆日，病骨支离的林徽因，由梁思成、莫宗江陪同来到金水桥头。仰望着城楼上悬挂的国徽，林徽因的泪水模糊了双眼， 这是她用自己的骄傲捧出的辉煌。

坚持自己的立场，不轻易为了谁而改变自己，保持自我的独立性，尤其是对女人而言，我们容易被他人影响，被我们所认为最重要的人所左右，最后连自我也失去了。坚持自己的立场，不管是输是赢，总能保持自己的身份和尊严。

**费慰梅小百科**

费慰梅（1909～2002），原名威尔玛·坎农·费尔班克，是研究中国艺术和建筑的美国学者。生于美国马萨诸塞州剑桥镇，父亲坎农博士在20世纪初任哈佛大学生理系主任36年。1931年从哈佛拉德克利夫女子学院艺术史系系主任36年。1931年从哈佛拉德克利夫女子学院艺术史系毕业。1932年独自一人去北平与未婚夫费正清结婚，在中国期间与建筑学家梁思成、林徽因夫妇等结为好友，他们的中文名字便是梁思成所取。1942年1月起任美国国务院文化关系司对华关系处文官，并一直在华盛顿工作，直到1945年5月被派往中国任美国驻华大使馆文化参赞，先在重庆，后来去了南京。返回美国后，费慰梅出版了为他们夫妇二人的终身好友所作的传记《梁思成和林徽因——一对探索中国建筑的伴侣》。1984年，又出版了她作为编委的梁思成的遗作《图像中国建筑史》。2002年4月4日于马萨诸塞州剑桥家中平静地过世。

## 找到志同道合的朋友

人不一定非要找到最优秀的伙伴，但一定要找到志同道合的朋友，他们的鼓励和激励能令你在理想的路上走得更远，而不会轻言放弃。

### 志同道合的朋友

朋友是林徽因生活中的重要组成部分，住在北京总布胡同时，她家的客厅名为“太太客厅”。当时，有一批文坛名流巨子经常在这里聚集，如朱光潜、梁宗岱、金岳霖等，他们在这里谈文学、说艺术，天南地北、古今中外，无所不谈，捧一杯清茶，吃几块点心，时光就这样在智慧的碰撞中缓缓流淌。林徽因一直是其中最活跃的人物，读诗，辩论，她的双眸因为这样的精神会餐而闪闪发光。

她的优秀也正是因为有这群朋友的欣赏和激励。当时，知识分子是社会少数、精神贵族，像林徽因这样受过良好教育才貌出众的女子，更是凤毛麟角。她受中西文化教育长大，两种文化的融合造就了一个独特的林徽因。她是个诗人，是个建筑学家。这样拥有多侧面多方位文化的林徽因，融入当时以男性为主的京派知识分子群体，构成了京城一幅独特的风景。

林徽因是新月社代表人物之一，因此当时经常过来聚会的还有新月社的诗人们，也有《晨报》副刊的编辑和作者，当然更少不了林徽因、梁思成在建筑界的朋友和同仁。他们有着相同的经历，大都在少年时饱受中国传统文化的浸染，青年时期又接触到了五四的民主、科学知识，出国留学，又得到了西方文化的滋润。因此，他们既对中国的传统文化有很深的理解和造诣，又对西方文化有很好的理解和掌握。

## 朋友要多，也要有质量

林洙在《梁思成、林徽因与我》一书中说：

每次上完课林先生都邀我一同喝茶，那时梁家的茶客有金岳霖先生、张奚若夫妇，周培源夫妇和陈岱孙先生也常来。其他多是清华、北大的教授，还有建筑系的教师。金岳霖先生每天风雨无阻总是在三点半到梁家，一到就开始为林先生诵读各种读物，绝大部分是英文书籍，内容有哲学、美学、城市规划、建筑理论及英文版的恩格斯著作等。他们常常在诵读的过程中夹着议论。

张奚若是清华大学政治学教授，早年曾就读于哥伦比亚大学和伦敦大学，是一个非常直率而重原则的人。他的性格在圈子里是“完全西方”的，他坚持“述而不作”，一生只写过一篇政治学论文《主权论沿革》，但却以自己的学问和人品在清华的教授中受到敬重。

金岳霖精通英文，习惯于用英文思考哲学和逻辑学问题，但他又在中国传统文化中浸濡很深。他对中国山水画有很高的鉴赏力，还酷爱京剧，家中收藏有许多京剧名角的唱片，自己也能唱得有板有眼。他还喜欢斗蛐蛐比赛这种游戏，他认为斗蛐蛐涉及技术、艺术和科学问题。

陈岱孙是一位高大、严肃、不苟言笑的经济学家。钱端升对国际问题有着浓厚的兴趣和明晰的见解。李济曾在哈佛大学攻读人类学和考古学，这时期正领导着中央研究院考古所对殷墟的发掘。

小说家沈从文是梁家的常客。他创作的湘西风情小说为当时的文坛吹送着一股新鲜而强悍的风。林徽因非常喜欢沈从文小说的风格和他作品中的人物，尽管这些作品所描写的生活距离她的生活是那么遥远。

这是一个优秀的知识分子群体。他们大多出生于士绅之家，家学渊源使他们自幼熟读经书，具有深厚的国学根基。他们学贯中西、文通古今，视野开阔，抱负远大，其人格构成和知识构成都有着传统士人所不可能具有的新型质地。

交朋友和下棋一样，棋逢对手才能下得更有乐趣，甚至成就经典棋局。人与人的主张和追求不同，是不会走到一起的，更不会成为朋友。人生得一知己足矣，知己就是志同道合者。只有共同的志向，才能把彼此联结在一起，那才会长久，才会牢靠。否则，即使成为朋友，也难以长久。

**费正清小百科**

费正清（1907～1991），美国汉学家、历史学家，哈佛大学教授，哈佛大学东亚研究中心的创始人。后求学于威斯康星大学麦迪逊分校及哈佛大学，1929年赴英国牛津大学求学，研究题目为19世纪中英关系。为了撰写博士论文，费正清于1931年夏赴中国调查进修，考察海关贸易，学习中文，其间在北平与建筑学家梁思成、林徽因夫妇结识并引为知己。1935年离开中国，在取得牛津大学哲学博士学位后，回母校哈佛大学历史系任教，并从1939年起与美国的日本问题专家赖肖尔一起开设东亚文明课程。后数次被派往中国。1946年返回哈佛大学任教。1948年出版《美国与中国》一书，1966年，与英国历史学家崔瑞德共同开始主编多卷本《剑桥中国史》。与赖肖尔合著《东亚文明：传统与变革》。临终前两天将《费正清论中国——中国新史》交付出版。

## 一定要有个好闺蜜

女人一定要有个闺蜜能讲出你的故事，说出你的情感烦恼，在人际关系和工作生活等方面，无论你碰到了任何难题，闺蜜那里总是最好的疗伤场所。

### 唯一的女性知己

1932年，林徽因、梁思成夫妇结识了美国朋友费正清和费慰梅夫妇，他们两家恰巧住在同一条胡同里，费正清说："中国对我们产生了巨大的影响，而梁氏夫妇在我们旅居中国的经历中起着重要作用。"

林徽因在女性群中是寂寞的，她的清高孤傲、她的才气以及她对无谓的家长里短闲聊的痛恨，使她鲜少有密切的女性朋友，与林徽因交往甚是密切的作家李健吾在评价林徽因的性格特征时说："绝顶聪明，又是一副赤热的心肠，口快，性子直，好强，几乎妇女全把她当作仇敌。"但幸运的是，她与来自美国的费慰梅结下了难得的友谊。

作为林徽因唯一的女性知己、铁杆闺蜜，费慰梅是一个温暖有余，尖锐不足的人。友谊这回事，有时跟爱情有点像，也是有强弱两方的。在才学、身份和地位上，费慰梅与林徽因都堪称势均力敌，甚至费慰梅因为环境的原因，发展得比林徽因更好一些。但是，也许因为性格的原因，费慰梅的风头却没有盖过林徽因，而且她也不介意林

徽因习惯性的强势。

1934年夏天，费氏夫妇邀请梁林夫妇去山西度假，梁林夫妇本也正好要到山西作古建考察，便愉快地答应了。此后，费慰梅用旅游照片做成一个私人剪贴本，并附以文字说明：“我们的山西历险记包括了四位主人公：两位科班毕业的建筑师、两位天才烹饪大师、一位历史学家、一位画家、一位卓有成就的摄影师、一位天津大公报的记者，一位行李打包专家以及她在艺术上的死对头、最早起床的人，第二名起床的人，两位第三名起床的人……” 这些介绍文字下，是他们四个人分别的照片。（见纪录片《梁思成林徽因》）多年后，林徽因多次怀念、提起这次经历，在林徽因病中，手术前，还在信中告诉慰梅，她仿佛又想起了八月山西，她们的“夏日行宫”……

正像这个剪贴本文字所传达出来的，他们在一起，温馨、亲切，有情趣。

## 相似的背景

费慰梅也是家学渊博，出身名门，她的父亲坎农博士是哈佛大学医学院著名教授，一位伟大的生理学家，“全世界的科学家都知道他”（《费正清在华二十年》）。她母亲则是一位酷爱旅行、思想开放的作家，所以，费慰梅四个姐妹都有异乡求学的经历：费慰梅是老大，16岁时到墨西哥学习艺术，后来，又随丈夫费正清来到中国；老二17岁去到土耳其；老三玛丽安去的是中国；小妹海伦则从所在的东海岸去到西海岸斯坦福。

在那个时代，有眼界让子女云游天下，这样的父母并不多见。巧的是，费慰梅的母亲与林徽因的父亲有着相同的行径。拥有同样通达的家长，也算是费、林两个女子的友谊的某种共同背景呢。而她俩相同的还不止这一个。梁林夫妇与费氏夫妇在相处上的关系模式，也有几分相似之处。都是男性较为内敛庄重，女性较为开朗热情。除了背景的相似，婚姻状况的相似，对艺术也都拥有浓烈的爱，更让她们有说不完的话了。

费慰梅是一个艺术家，尤其喜欢水彩画。她流传于世的水彩画，明朗、柔雅，用阿兰德波顿的话说，是一种“让世界变得更美好、更幸福”的艺术。费慰梅的艺术美感和林徽因的艺术感觉，也是极为相似的，非常温婉。

## 无话不谈好闺蜜

她们住在北京胡同的那段时间，费慰梅经常骑着自行车或坐人力车在天黑前到梁家找林徽因，两个人在起居室一个暖和的角落里坐下，并泡上两杯热茶，便开始了推心置腹的倾谈，她们有时比较中国和美国不同的价值观和生活方式，有时谈文学艺术，并把对方不认识的朋友的追忆，毫无保留地告诉对方，林徽因谈得最多的当然是徐志摩，她给费慰梅大段大段地背诵徐志摩的诗，从她闪着泪光的眸子里，费慰梅读出了那一份深深的思恋。

有时，费正清夫妇到梁家的时候，林徽因在“太太客厅”朗诵中国的古典诗词，那种抑扬顿挫、有板有眼的腔调，直听得她们直入迷。虽然文化有差异，但对文学和艺术的共同热爱令她们有很多共同话题，她们还能将中国的诗词和英国诗人济慈、丁尼生或者美国诗人维切尔·林赛的作品进行比较，谈起哈佛广场、纽约的艺术家及展品、美国建筑师弗兰克·劳埃德·赖特、剑桥大学巴格斯校园。费慰梅还有修复拓片的爱好，因此与林徽因夫妇更有共同的语言了。

在林徽因心情不好的时候，费氏夫妇便拉上她到郊外去骑马，林徽因在马背上的坐姿真是棒极了，连号称美利坚骑士的费正清也叹为观止，因为经常去骑马，林徽因索性买了一对马鞍，一套马裤，穿上这身装束，她俨然成了一位英姿勃发的巾帼骑师。

## 女人的友谊

林徽因的这位唯一的闺蜜和她的丈夫，对梁林夫妇做了很多重情重义的事情。尤其是在很困难的李庄时代，她给予林徽因的帮助令林一家度过了极为困窘的时候。

2002年，92岁的费慰梅安详离世，据说，她的追思礼的程序单内页，除了印着自己年轻时的照片，还印着林徽因所作的一首小诗。她一直记挂着她这位早她离世的挚友，她们相互间也值得信任和依恋。

心理学家认为，对于女性来讲，同性朋友之间的情谊是她们生命中最快乐、最满足的部分，这种情感关系也是最深刻的，对女人而言，闺中密友不仅没有男女之情的焦虑和变数，而且更为亲昵可靠。林徽因虽然因为她那迥异于那个时代女性特征的性格和行事方式而很少有同性朋友，但她终究拥有了这么一个可以谈心的闺蜜，在她们相识几年后，1937年林徽因给费慰梅的一封信中，这样感慨："我从没料到，我还能有一位女性朋友，遇见你真是我的幸运，否则我永远也不会知道和享受到两位女性之间神奇的交流……"

**周培源小百科**

周培源（1902～1993），著名流体力学家、理论物理学家、教育家和社会活动家。中国科学院院士，我国近代力学奠基人和理论物理奠基人之一。主要从事流体力学中的湍流理论和广义相对论中的引力论的研究。奠定了湍流模式理论的基础；研究并初步证实了广义相对论引力论中"坐标有关"的重要论点。培养了几代知名的力学家和物理学家。林徽因的"太太客厅"好友之一。

## 修炼出女人的独特魅力

魅力是挑剔的，它只会为那些用心的女人而生，有魅力的女人不依附于人，能够独立于世，她们真诚而不虚伪，敢于面对现实，敢于正视自己和正视别人，她们心胸坦荡，纯洁无瑕，举止从容不轻薄，性情平和不浮躁，她们总是能吸引住别人的目光，使她们成为万众焦点。

### 林徽因的独特魅力

费慰梅曾给林徽因画过一幅素描，这幅素描里，林徽因清秀，朴素，最重要的是，画中人有种少女的神气，认真，执着。这就是费慰梅心目中的林徽因，一个知己眼中的林徽因，与大众语境中的林徽因所不同。

今人说到林徽因，一是关于她的美丽，她的传奇的爱情故事。另一种说法则相反，觉得她不外是仗着几分姿色和自恋，将男人们玩弄于股掌，还顺便成就了自己的名气，有心机，难相处。人总有各种侧面，所以，这两种说法都有道理，也都不对。

林徽因确是有独特魅力的。这魅力，不是容貌、才华、思想、成就，不在她的爱情，不在她的出身，也不在她的经历。她的魅力在于，她是一个有理想、有追求、有志气、有抱负并为此肯吃苦的人，她对自己的人生绝不苟且，绝不容许自己松懈、平庸、堕落、空虚，在她身上不止体现了美，还体现了力。

林徽因1929年从美国宾夕法尼亚大学和耶鲁大学学成回国时，惊人的美貌和风度，艺术家的全部气质，让哈佛教授都感到羡慕的一口英文，常人无法企及的家庭背景——民国司法总长是她父亲，财政总长是她公爹，还有日后被称为“国宝”并蜚声国际的学者丈夫梁思成，可以说，无论是外在还是内在，家世还是她本人的才华，都令人瞩目。她生活圈子里的人，随便甩出一个名字都令人目眩：梁启超、梁思成、胡适、沈从文、徐志摩、金岳霖、张奚若、费正清、周培源……这些拥有别样才情和赫赫成就的男人，与她非亲即友，终生对她推崇备至，究竟她的魅力何在？为何吸引了那么多才华绝世的男人的目光？

按理说，她的生活应该过得很小资，穿着旗袍，端着精致茶杯，坐在洒满阳光的客厅里，对着满座高朋神采奕奕地畅谈她的“建筑意”、古希腊风格和汉武帝，不时用英文和徐志摩探讨英国文学和白话新诗，偶尔接几桩建筑设计的生活道路，似乎这才应该是她的生活，而且也完全可以算作有理想、有追求、有事业。

## 珍惜生的时光

可她偏偏拖着不怎么结实的身子骨，跟自己的丈夫和几个志同道合的朋友，打了铺盖，坐了随时会抛锚的破车，骑着毛驴，在荒郊野外考察古建筑；口渴难耐时，只能喝上面浮着一层“浮沉的微体”的脏井水；爬上千年尘封，有几百只蝙蝠“见光惊飞”的古庙大梁测绘，被跳蚤咬得浑身是包。难以想象，在徐志摩的诗里“她身上有朱砂梅的香气”，自己笔下“黄水塘里游着白鸭”的林大小姐，从那几百只蝙蝠扑腾的大殿里出来的时候，会是什么表情。

抗战8年，她家流亡9年。1939年，他们为躲避日机的狂轰滥炸，迁往没有医院、没有药店、没有电灯、没有营养品的四川省南溪县李庄乡村。在偏僻的李庄，又阴又冷又潮又臭，在贫病交加及其变卖手表、卧床不起的情况下，她病得连床都起不来，天气好的时候，还得靠人把她的躺椅抬出来，才能晒太阳。其实，以她的条件，想去美国治病、避难，过舒服日子，都没有问题。美国学校、机构一再邀请，友人也盛邀她和梁思成去美国工作，为她治病，但她说出了“国难当头，绝不离开祖国，死也要死在自己祖国的土地上”的铿锵之言。在饭都吃不饱的条件下，她歪在床上查阅文献，猫在一盏煤油灯下和梁思成一起讨论编写《中国建筑史》。而那盏灯，据说是梁思成当时“惟一的特权”。

什么样的女人算是有魅力的女人呢？林徽因的魅力何在？在于她的美丽，精致的五官，眉眼细细的，嘴巴小小的，尖圆适中的下巴，温婉的发型，充满东方韵味，又有些西方式的立体感。不能说魅力与美无关，肯定是有关的，美也是魅力的一部分，美丽的女人可以很有魅力，但有魅力的女人不一定很美，这是世人都知道的道理。她的魅力还在于她的才学，她读过经，留过洋，在旧的土壤中出生，又接受了西式的教育，横跨文理，在科学与艺术之间徜徉，她会的太多了。还在于她对生命的不妥协，她的身体状况其实不适合田野作业，但每当她为考察建筑，而深入田间时，她总能那么投入和兴奋，即使是在病中，也不愿虚度光阴，总要做一点更值得付出的事情。因为知道人生的终点无非是死亡，所以格外珍惜生的时光。

在容貌上美与不美是先天的，我们无法选择，但我们可以在其他几方面学习林徽因的魅力秘诀。一个有魅力的女人首先应该是个有丰富生活内涵的人。她的举手投足间都含蓄深沉，给人一种赏心悦目的韵味。她对生活和生命都充满了热情，而且还会唤起别人的热情，从而使自己和他人的生命变得光彩照人。

**庐隐小百科**

庐隐（1898～1934），原名黄淑仪，又名黄英，福建省闽侯县南屿乡人。笔名庐隐，有隐去庐山真面目的意思。五四时期著名的作家，1919年考入北京高等女子师范国文系。1921年加入文学研究会。1922年大学毕业后到安徽宣城中学任教，半年后回北平师范大学附属中学教国文。代表作品有《地上的乐园》《曼丽》《灵海潮汐》等。她与冰心、林徽因齐名并被称为“福州三大才女”。

Part 6

# 知性令女人独具内蕴——像林徽因一样做有思想的智慧女人

## 能“拿得起”也能“放得下”

人生变幻莫测，有时平淡无奇，有时又绚丽多彩，不管是平静还是精彩，都是风景。人生最大的问题不是拿不起来，而是放不下。拿得起，实为可贵；放得下，才是处世真谛。

### 放下即安

1927年1月，胡适为完成哥伦比亚大学哲学博士学位的最后手续再次赴美，林徽因当时在美国宾大学习，她写信邀请胡适去费城教育会演讲。林徽因想了解国内的一些情况，同时也想找个人倾诉一下，她这几年遭遇了梁思成车祸摔伤、不为梁母所喜、父亲遇害等不幸的事情，在信中，她写道：“我这三年残酷的遭遇给我许多烦恼和苦痛。我想你一定能够原谅我对于你到美的踊跃。我愿意见着你，我愿听到我所狂念的北京的声音和消息，你不以为太过吧？”胡适应约前来会见林徽因，谈话中也谈及徐志摩和陆小曼闹得满城风雨的感情。

胡适对于他们的婚事，一开始也不很同意，可是后看到他们俩爱得辛苦，也是十分同情和理解。

这年林徽因已经27岁，与初遇徐志摩已相隔快11年了，虽然无缘结合，但她对徐志摩还是有着很深的好感的。对于徐志摩结婚，她的心情有点复杂，有点微妙。在3月份给胡适的信中说："那天所谈的一切——宗教、人事、教育到政治——我全都忘不了的尤其是'人事'。一切的事情我从前不明白现在已清楚了许多，就还有要说要问，也就让他们去，不说不问了。'让过去的算过去的'这是志摩的一句现成话。"

她还说："回去时看见朋友们替我问候，请你回国后告诉志摩我这三年来寂寞受够了，失望也遇多了，现在倒能在寂寞和失望中得着自慰和满足。告诉他我绝对的不怪他，只有盼他原谅我从前的种种的不了解。但是路远隔膜，误会再所不免的，他也该原谅我。我昨天把他的旧信一一翻阅了，旧的志摩我现在真真透彻的明白了，但是过去，现在不必重提了。我只求永远纪念着。"

经历了这么多的变故后，少女时代的林徽因已经逐渐远去，成为一位成熟、直面现实的女性，她对徐志摩不管是别人猜测的生死爱恋也好，还是少女的倾慕也罢，在她这里，都已放下了。

## 放下升华了爱

她的儿子梁从诫曾对于林徽因和徐志摩之间的感情，谈了自己的看法：

“母亲写作新诗，开始时在一定程度上受到过徐志摩的影响和启蒙。她同徐志摩的交往，是过去文坛上许多人都知道、却又讹传很多的一段旧事。在我和姐姐长大后，母亲曾经断断续续地同我们讲过他们的往事。母亲同徐是1920年在伦敦结识的。当时徐是外祖父的年轻朋友，一位24岁的已婚者，在美国学过两年经济之后，转到剑桥学文学；而母亲则是一个还来脱离旧式大家庭的16岁的女中学生。

据当年曾同徐志摩一道去过林寓的张奚若伯伯多年以后对我们的说法：‘你们妈妈当时梳着两条小辫子，差一点把我和志摩叫做叔叔。’因此，当徐志摩以西方式诗人的热情突然对母亲表示倾心的时候，母亲无论在精神上，思想上，还是生活体验上都处在与他完全不对等的地位上。

因此，也就不可能产生相应的感情。母亲后来说过，那时，像她这么一个在旧伦理教育熏陶下长大的姑娘，竟会像有人传说地那样去同一个比自己大八九岁的已婚男子谈恋爱，简直是不可思议的事。母亲当然知道徐在追求自己，而且也很喜欢和敬佩这位诗人，尊重他所表露的爱情。不久，母亲回国。他们便分手了。

等到1922年徐回到国内时，母亲同父亲的关系已经十分亲密，后来又双双出国留学，和徐志摩更没有了直接联系。父母留学期间，徐志摩的离婚和再娶，成了当时国内文化圈子里几乎众人皆知的事。可惜他的再婚生活带给他的痛苦竟多于欢乐。

1929年母亲在北平与他重新相聚时，他正处在那样的心情中，而母亲却满怀美好的憧憬，正迈向新的生活。这时的母亲当然早已不是伦敦时代那个梳小辫子的女孩，她在各方面都已成熟。徐志摩此时对母亲的感情显然也越过了浪漫的幻想，变得沉重而深化了。徐志摩是个真挚奔放的人，他所有的老朋友都爱他，母亲当然更珍重他的感情，尽管母亲后来也说过，徐志摩的情趣中有时也露出某种俗气，她并不欣赏，但是这没有妨碍他们彼此成为知音，而且徐志摩也一直是我父亲的挚友。母亲告诉过我们，徐志摩那首著名的小诗《偶然》是写给她的，而另一首《你去》，徐志摩也在信中说明是为她而写的，那是他遇难前不久的事。从这前后两首有代表性的诗中，可以体会出他们感情的脉络，比之一般外面的传说，确要崇高许多。”

因为林徽因真正地放下，所以她才能如常地和徐志摩交往，并拥有了一段真挚的友谊，而她也因此得到了徐志摩的尊重和敬意。要想在满的杯子里再倒入茶水，需要先将杯子里的水倒掉才行，这就是空杯的心态；你若已在山顶，想要爬得更高，就得先下山，登另外一座更高的山才行，若要上山，唯有下山。

拿得起是能力，放得下是境界。正如有人说的那样，“人生最大的敬佩是拿得起，生命最大的安慰是放得下。”

**梁从诫小百科**

梁从诫（1932～2010），出生于北京市。1954年北京大学历史系毕业，1958年取得北京大学历史系硕士学位。曾任全国政协委员和常委，全国政协人口、资源、环境委员会委员，民间环保组织“自然之友”（中国文化书院·绿色文化分院）创办人、会长。2010年10月28日下午4时，在北京病逝，享年79岁。

## 不断地为自己充电

当今社会，科技发展迅速，市场经济千变万化，对人才的需求也随之不断改变。在这个知识大爆炸的年代里，人才的竞争不再是学历的竞争，而是学习力的竞争，谁不继续学习，谁必将被社会淘汰，只有不断地为自己充电，才能在竞争中立于不败之地。

### 精神充军的岁月

林徽因虽然家学渊博，但她对学习从来都不放松的，不断地充实自己，为自己充电，这也是为什么她后来在各个领域都能做得如此出色的真正原因。

1924年，林徽因20岁，梁思成23岁。6月初，林徽因和梁思成前往美国。

7月，林徽因和梁思成到了康奈尔大学，他们利用暑假的时间补习功课，调整身心，适应新的环境，并准备9月份再到宾夕法尼亚大学建筑系注册。

两人补习了一个多月后，来到位于费城的宾夕法尼亚大学建筑系报道时，校方告知他们：为了便于学校的管理，建筑系只收男生，不收女生。原来，因为建筑系的学生经常需要在夜里作图画画，而一个女生深夜待在画室是很不适当的，学校管理也不方便，因此就不招收女生。

商量一番后，梁思成依然报建筑系，而林徽因便改报了美术系，同时选修了建筑系的主要课程。

虽说早就立志学习建筑，但林徽因在绘画、制图方面并没有什么基础，而思成，至少还有清华美术社的底子，所以林徽因只能从头学起。她的悟性极强，对线与型的把握带有鲜明的个性特征，教绘画的老师也对她的这种能力十分赞赏。

林徽因学习非常努力，美国文化和中国文化有着巨大的差异，而基础学科的训练是刻板而近乎枯燥的。每当奔走在美术教室和建筑教室之间时，每当节假日美国的同学都外出度假或回家时，她就会抑制不住地想家，想北京，想亲人，还想新月社的友人。在美国的这段生活，她后来在给胡适的信中，用“精神充军”来形容。

## 为自己充电

1927年夏天，林徽因结束了宾夕法尼亚大学的学业，获美术学士学位，4年的学业她仅用3年就完成。之后，她又继续为自己充电，转入耶鲁大学戏剧学院，在C.P.贝克教授的工作室学习了半年舞台美术，成为我国第一位在国外学习舞美的学生。这年2月，梁思成也完成了宾大课程，获建筑学硕士学位，转入哈佛大学研究生院，为研究东方建筑和美术史，完成博士论文，后发现资料远远不够，须回国实地考察，拟两年后交博士论文。

半年后，他们完成了各自的学业。

在耶鲁，林徽因很快得到了教授和同学们的喜爱。宾大3年的学习，她打下了扎实的美术基础功底。经过繁复、精确的建筑设计训练后，她的绘图设计能力远远高出学习舞美设计的其他同学。她学习起舞台美术设计，十分轻松愉快、游刃有余。她本来热爱戏剧，又参加过戏剧演出，因此，在做舞美设计时，她能够身临其境地感受舞台上的戏剧空间，不仅考虑到舞台的视觉效果，还能考虑到舞台上场景的变换、演员的调度。

林徽因从小接受祖父祖母的传统教育，后又随父亲接受西学，到美国先后学习建筑及戏剧，由于她的兴趣广泛，对诗文也都有所涉猎，这正是因为她坚持不断学习，为自己充电的结果。

## 她的学识倾倒众生

从事女作家研究、女性文化名人研究的中国文化研究所研究员张红萍在《林徽因——一个纯美主义者的激情》一书中这样描写林徽因：

等到周末，她把自己一周的趣闻、生活经历、工作情况、思考所得出的思想、阅读书籍的内容和感受讲给朋友们听。她从来没有把自己的时间浪费在无聊的事情上，也没有因为需要扶养儿女、支持丈夫、操持家务就放弃自己的专业和追求；也从没有忘记过自己心灵的追求；也没有屈服于社会、他人的舆论而放弃自己的生活方式。当别的女人不由自主地接受传统思想的熏陶束缚自己；当别的女人心甘情愿地接受社会现实的安排，安于在家相夫教子时，她有意识地挣脱了男权社会安排给女人的命运和角色。当她与中国最优秀的男子高谈阔论的时候，当她的足迹踏遍祖国的山山水水，当她流连忘返于世界名胜古迹，当她奋笔疾书的时候，别的女人做着传统的女性角色要求于她们的毫无创造性的事情，屈服于生活，或喟叹自己的命运。

林洙回忆初见林徽因时的印象说：

我从梁家出来感到既兴奋又新鲜。我承认，一个人瘦到她那样很难说是美人，但是即使到现在我仍旧认为，她是我一生中见到的最美、最有风度的女子。她的一举一动，一言一语都充满了美感、充满了生命力、充满了热情。她是语言艺术的大师，我不能想象她那瘦小的身躯怎么能迸发出那么强的光和热；她的眼睛里又怎么能同时蕴藏着智慧、诙谐、调皮、关心、机智和热情。真的，怎能包含那么多的内容。当你和她接触时，实体的林徽因便消失了，感受到的是她带给你的美和强大的生命力。她是那么吸引我，我几乎像恋人似的对她着迷。……她是那么渊博，不论谈论什么都有丰富的内容和自己独特的见解。一天林先生谈起苗族的服装艺术，从苗族的挑花图案，谈到建筑的装饰花纹。她又介绍我国古代盛行的卷草花纹的产生、流传；指出中国的卷草花纹来源于印度，而印度的来源于亚历山大东征。

面对记者的采访，金岳霖心怀坦荡地说：“我所有的话，都应该同她自己说，我不能（与别人）说，我没有机会同她自己说的话，我不愿意说，也不愿意有这种话。”这个默默守护了林徽因一生的男人，即使时过境迁，林徽因在他的心中永远是最完美的。

美国历史上著名的总统杜鲁门说过：“不是所有的读书人都是一名领袖，然而每一位领袖必须是读书人。”他没有读过大学，但他从来没有停止过学习。林徽因用自己的独特魅力吸引着一大群高端朋友，这与她丰富的学识是分不开的。只有经常给自己充电的人，才能适应社会对人才越来越高的要求，使自己的事业更上一层楼。林徽因也正是因为她不断充实自己，并将丰富的各类知识触类旁通，应用于她的建筑事业，她才能成为中国近代最杰出的建筑家之一。

**卞之琳小百科**

卞之琳（1910～2000），生于江苏海门汤门镇，祖籍江苏溧水，曾用笔名季陵，诗人（“汉园三诗人”之一）、文学评论家、翻译家。抗战期间在各地任教，曾是徐志摩的学生。为中国的文化教育事业做了很大贡献。被公认为新文化运动中重要的诗歌流派新月派的代表诗人。其代表作《断章》。对莎士比亚很有研究，西语教授，并且在现代诗坛上做出了重要贡献。与林徽因同为新月派代表人物，且多有交集。

## 读万卷书，不如行万里路

古人云：“读万卷书，行万里路。”这句话不仅仅是用来劝诫一个人要多读书，也告诫人们要多出去走走，增长见识。行万里路，收获的不仅仅是知识和技能，还有与人相处、独立思考和处理问题的能力。

### 父亲的希望

1920年春，林长民以“国际联中国协会”成员的身份，被当时政府派赴欧洲访问考察。这是一次为时一年半的长旅，林长民决定带女儿一同前往。林长民告诉女儿：“我此次远游携汝同行，第一要汝多观察诸国事物增长见识；第二要汝近我身边能领悟我的胸次怀抱，第三要汝暂时离去家庭烦琐生活，俾得扩大眼光，养成将来改良社会的见解与能力。”

这是林长民对女儿的期望，在这一方面，梁启超与其是心有灵犀的：

关于思成的学业，我有点意见，思成所学太专门了，我愿意你趁毕业后一两年，分出点光阴多学点常识，这一两样关于自己娱乐的学问，如音乐、文学、美术等，我怕你因所学太专门之故，把生活弄成近于单调，太单调的时候，容易厌倦，厌倦即为苦恼。

到达欧洲后，天资聪颖的林徽因如饥似渴地汲取着来自异域文明中的文化养分，扎实的英语功底使她翻看英文书籍如鱼得水，与英国

人交流轻松自如。后来，林徽因考入了爱丁堡的圣玛丽学院，而在此之前，林长民便为她雇了两名教师辅导她英语和钢琴，因此在学校的学习过程中，林徽因的英语口语得到了更好的纠正。接着，又受女建筑师的影响，林徽因还确立了投身于建筑科学的志向。

所谓“读万卷书，行万里路”，除了汲取书本中的知识外，一个人丢开书本后的所见所闻会改变其一生。林徽因在欧洲所经历的一切，都是她光彩人生的前奏。

## 行万里路

在民国时代走来的文艺女青年们中，林徽因是个例外。站在梁启超、胡适、梁思成、徐志摩、金岳霖、费正清、沈从文等人中间，她用自己的学识，敏锐犀利地评述着中国古老的建筑与文学。

林徽因和梁思成到了云冈石窟，着手考察石刻艺术中所表现的北魏建筑。

那时的云冈因为地处偏僻，几乎没有什么游人。空旷的山崖上没有一棵树，田野里的庄稼也长得稀稀落落。在这里，林徽因和梁思成他们陷入了找不到住处的窘境。饭店、旅馆、公共设施，甚至连车马店也没有。他们只好住在一户农户家，房子没有门窗，没有一件家具，只剩下露天的屋顶和透风的四壁。

这里昼夜温差很大，中午穿单衣，夜里盖棉被还嫌冷。吃饭也就在这个农家搭伙，每天的主食都是煮土豆和玉米面糊糊，偶然吃到一点咸菜就算佐餐佳品。生活工作条件很差，但他们情绪很高。

他们考察了云冈诸窟的平面及其建筑年代，考察了石刻中所有表现的建筑形式。他们的工作繁重而琐细，因为所有石窟的碑碣都已漫没不存痕迹，需要他们根据洞窟石刻的手法进行考证。但他们工作得认真而兴致盎然。

这只是林徽因走过的其中一站而已，从1930年到1945年，他们夫妻二人共同走过了中国的十五个省，二百多个县，考察测绘了二百多处古建筑物，很多古建筑就是通过他们的考察得到了世界、全国的认识，从此加以保护。比如像河北赵州石桥、山西的应县木塔、五台山佛光寺等。而对山西的数次古建筑考察，使梁思成破解了中国古建筑结构的奥秘，完成了对《营造法式》这部“天书”的解读。

## 走出去

在信息发达的今天，我们获得信息的途径越来越多，但自己去获取信息的能力却越来越差。走出书斋，超越网络，去寻找第一手材料，远不仅有一般意义上的旷见闻、知世情的意义。林徽因正是通过一步步的脚印，走遍了中国的山山水水，亲眼见证了历史带来的奇迹，也因此，她对事业、对生活和生命更加的热爱。

清代初年魏禧（叔子）曾说，学者的一生要读书20年，著书20

年，出游20年才能不至于愧对“读万卷书，行万里路”。在现代人的生活看来，一个人从小学读到博士，正常也需要22年之久，加上著书时还边读边著，读20年书没问题。三十而立开始著书，著书到70岁，著书20年也能做到。但要出游20年，或累积到20年，可能就困难了。

走出去，可以接触到繁华与竞争，从而学会生存的各项技能；可以结识很多读过万卷书的人，得到提炼之后的营养；也可能遭遇很多敌人与坏人，从此明白人间正道是沧桑；还可能撞上很多机会，学会如何取舍……走出去，你会学到很多。

**刘敦桢小百科**

刘敦桢（1989～1968），湖南省邵阳人，字士能，号大壮室主人，著名建筑学家、教育家，建筑史学家，中国科学院院士。曾创办我国第一所由中国人经营的建筑师事务所。长期从事建筑教育和建筑历史研究工作，是我国建筑教育的创始人之一，又是中国建筑历史研究的开拓者。又曾多次组织并主持了全国性的建筑史编纂工作，出版了“苏州古典园林”等颇有影响的专著。在对华北和西南地区的古建筑调查，以及对我国传统民居和园林的系统研究方面，都为这一学科奠定了主要基础。和林徽因、梁思成都为营造学社成员之一。

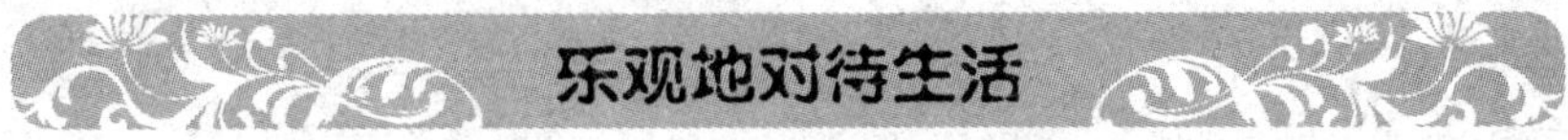

## 乐观地对待生活

人生苦短，因一时一事的失败而流连于痛苦中不能自拔、自暴自弃是短视的，也是有害的。只要能以平常心看富贵，以知足心取万物，以善良心对众生，就会变得乐观起来，你怎样对待生活，生活必然怎样回报你！

### 倒也罗曼蒂克

林徽因生在一个战乱的年代，从东北到北平、长沙、昆明，炮火总是在她生活中响起，似乎无处可藏，而且，由于身体原因，即使是在逃难的日子里，她还要忍受病痛的折磨，然而，这一切都无法压抑她对生活的热爱，她仍然以最乐观的一面，笑对生活中的种种磨难。

1928年，梁思成、林徽因受聘于东北大学建筑系，分别为主任、教授。次年，在北平生下女儿梁再冰，在女儿满月之后，回到了沈阳东大，这是他们夫妇在这里工作的第三个学期了。她鼓动梁思成完成那部早已在计划之中的《中国建筑史》。直到这时为止，中国唯一的一部中国建筑史是日本人写的，插图通常都是日军持军刀站在中国的古建筑前，这让林徽因看了非常生气。他们的事业在这个时期得到蓬勃发展，不幸的是，由于工作繁重加上抚育小孩的劳累辛苦，林徽因病倒了，是当时的难治之症——肺病，因此她不得不经常卧床休息。而且当时东北时局混乱，形势很不安宁。

在这样混乱的局势中，林徽因仍然保持着她乐观的精神，她有一次说：

当时东北时局不太稳定，各派势力争夺地盘。一到晚上经常有土匪出现（当地人称为胡子），他们多半从北部牧区下来。这种时候我们都不敢开灯，听着他们的马队在屋外奔驰而过，那气氛真是紧张。有时我们隔着窗子往外偷看，月光下胡子们骑着骏马，披着红色的斗篷，奔驰而过，倒也十分罗曼蒂克。

其实，不管你从事什么工作，只要你生活在这个世界上，就无法逃避世事的纷杂。生活总是会让你品尝到酸甜苦辣咸的千般滋味，或高兴或悲伤，或富有或贫穷，或杰出或平淡，或忙碌或悠闲——不管你如何面对。林徽因面对炮火威胁、病痛袭身的痛苦而表现出来的乐天精神，是我们今天最需要学习的，虽然我们可能不会遇到那么艰难的处境，但越是艰难，越说明她当时精神的可贵。

## 乐观为家人竖起希望

在那段艰苦的流亡岁月，林徽因受尽了颠沛流离之苦，但是她却始终微笑面对，用孱弱的肩膀撑起了一个温馨的小家，哪怕敌人的飞机终日在头顶盘旋，她的眼睛里也始终闪耀着希望的光芒。

这个时期的林徽因身体每况愈下，肺部已经产生了空洞，哪怕是一次小小的感冒，都会引起严重的后果。而此时的梁思成脊椎软组织开始硬化，只能每天在衬衣里穿着一副量身定做的铁架子，以支撑脊椎。

这个从上流社会走出来的奇女子，尽职尽责地扮演着精神支柱的角色，她曾翻越四个山坡，给云南大学的学生补习英语，每周需要上六节课，为了每月挣四十块钱的课时费，她每周必须六次顶着硝烟炮火来回奔波。她曾写信给费慰梅说："我喜欢听老金和奚若笑，这在某种程度上帮助我忍受这场战争。这说明我们毕竟是同一类人。"林徽因是需要朋友的安慰的，尤其在战争中求生存的年月，她在努力地干活中寻找心灵的寄托。

思成笑着，驼着背（现在他的背比以前更驼了），老金正要打开我们的小食橱找点东西吃，而孩子们，现在是五个——我们家两个，两个姓黄的，还有一个是思永（思成的弟弟）的。宝宝常常带着一副女孩子娴静的笑，长得越来越漂亮，而小弟是结实而又调皮，长着一对睁得大大的眼睛，他正好是我期望的男孩子。他真是一个艺术家，能精心地画出一些飞机、高射炮、战车和其他许许多多的军事发明。

生活虽然到处充满阴霾，但是林徽因的心是澄净的，她享受着所有能带给她宽慰的点点滴滴，为困难中的坚持增加一些能量和养料。

塞翁失马，焉知非福？生活中难免有些悲苦和失望的事情，应该学会用欣赏的心情去体味和面对，并习惯去适应。并非是世人皆浊我独清，而是处事不惊，心平气和地面对现实，这才叫豁达。林徽因经历了战乱、贫穷、疾病，但这一切都没有将她击倒，她乐观地对待自己生命中的每一分每一秒，不让自己的年华虚度，也因此，虽然年仅51岁的生命长度，却让她拉宽了生命的宽度，过得无比精彩。

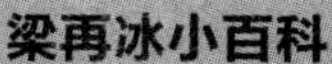

梁再冰小百科

梁再冰，1929年8月生于沈阳。林徽因和梁思成的长女，曾就读于北京大学西语系，后担任新华社记者，曾与丈夫于杭一起先后在英国、澳大利亚和香港作为新华社驻外记者工作多年，1991年退休。

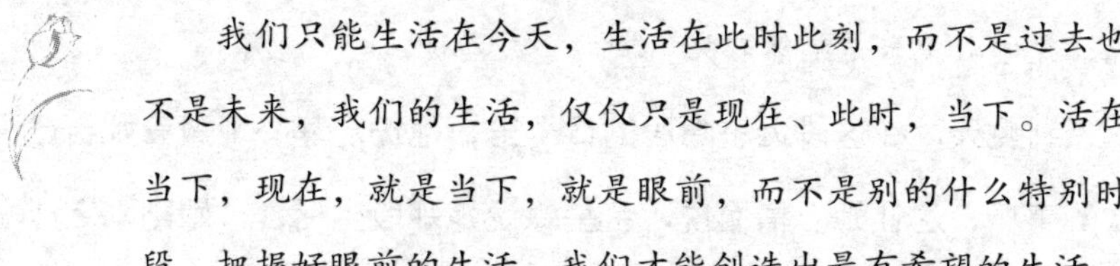

## 让自己活在当下

我们只能生活在今天，生活在此时此刻，而不是过去也不是未来，我们的生活，仅仅只是现在、此时，当下。活在当下，现在，就是当下，就是眼前，而不是别的什么特别时段。把握好眼前的生活，我们才能创造出最有希望的生活。

### 爱生活也是爱自己

钱端升的夫人陈公蕙提起对林徽因的印象说：“她用煤油箱做成书架，用废物制成窗帘，破屋也要摆设得比别人好。其实我早就佩服她了。”可见林徽因生活的精致，即使失去了富贵的物质生活，她也仍能让自己过得很好，因为她爱着她自己。

1935年初，南京政府决定修缮和养护山东曲阜的孔庙，梁思成成为这一重要工程的顾问。就在梁思成外出忙于他的顾问工作的时候，林徽因的肺结核病又犯了。协和医院的大夫要求她卧床休息3年，但她只想休息6个月，她请了一位训练有素的护士搬进来住，照顾她并主持家务，这样她就可以和家人待在一起。而林徽因就干她自己喜好并且身体允许干的事情，那就是集中精力写作，这让她非常高兴。她在尽力捕捉构成她许多当前情绪的那些消逝的梦想、感情和见解。

听到我所熟悉的曲子，那时我还是一个很小的小女孩，乘坐着一条船，穿过印度洋回家，那月光、舞蹈表演、热带的星空和海上的空气一起涌进了我的脑际，而那一小片被称作青年时代的东西，和一首歌里短暂的轻快片断一样，像梦幻一样地迷住了我，半是忧愁半是喜悦，我的心中只是茫然若失。

到夏天，在这段近乎隐居的日子里，她仍能静心地做着她自己喜欢的事情，这让她心情愉悦，金岳霖说她那段生活，“她刚刚完成了一篇短篇小说，有节奏地展开一个接一个的美丽情节，直到高潮到来并沉入某种遥远和崇高的境界之中。”还说，“她不久就要到北戴河（北方的海边避暑地）去。” 大约一个星期以后，林徽因从北戴河写信来说：“这里的天气是无可挑剔的。和平、健康和财富实际上到处可见，而海又是多么好！”

## 幸福就在此时此刻

幸福就在当下，而非过去或者未来，就在你手中的每一天，甚至每一刻。林徽因最在意的是现在，是此时此刻，她最受不了的就是无所事事。在昆明，在李庄，在随时会遭遇炸弹轰炸处境中，她最为忧心的，并不是安全问题，而是“什么事也做不成”。她在给费慰梅的信中不止一次地、反反复复地说起这个：

在昆明，“可怜的老金，每天早晨在城里有课，常常要在早上五点半从这个小村子出发，而还没来得及上课空袭就开始了，然后就得跟着一群人奔向另一个方向的另一座城门、另一座小山，直到下午五点半，再绕许多路走回这个村子，一天没吃，没喝，没工作，没休息，什么都没有！这就是生活！”

在李庄，“我必须为思成和两个孩子不断地缝补那些几乎补不了的小衣和袜子……当我们简直就是干不过来的时候，连小弟在星期天下午也得参加缝补。这比写整整一章关于宋辽清的建筑发展或者试图描绘宋朝首都还要费劲得多。这两件事我曾在思成忙着其他部分写作的时候高兴地和自愿地替他干过。”

林徽因深知，活在当下是一种全身心地投入人生的生活方式。没有过去拖在你后面，也没有未来拉着你往前时，便能将全部的能量都集中在这一刻，生命因此具有一种强大的张力。

**莫宗江小百科**

莫宗江（1916～1999），广东新会人，中国美术家协会会员、中国建筑学会建筑史分会副主任、著名建筑历史学家，清华大学建筑工程系教授。营造学社成员，建筑史学家，国徽的主要设计者之一，曾协助林徽因让景泰蓝工艺重获新生，是建筑学大宗师梁思成的主要助手及弟子。

**Part 7**

# 爱是一场修行——像林徽因一样拥有完美爱情

## 爱，只是一种感觉

无数懵懂少女都曾经喃喃自语："到底什么是爱情呢？"其实爱情有时候只是一种感觉，一场精神上的盛宴。在这样的爱情里，你感觉不到柴米油盐的琐碎，看不到捉襟见肘的窘迫，更不需要承担某种责任，它尽管美好，却虚幻。

### 那些年，那些人

1920年，林徽因16岁，正是花一样的年纪。

那一年，徐志摩24岁，一个风华正茂的年纪。

9月，年轻才子来到了这个终日烟雨的国度——英国。10月时，他登门拜访林徽因的父亲林长民，与林徽因初次相见。一个年轻貌美，一个才华横溢，在那艘浸满了柔情的康桥小舟上，爱情便悄然而生了。

## 康桥绝恋只是一种感觉

其实，所有的爱情的起点都只是一种感觉，而感觉是最捉摸不定，变化莫测的东西。林徽因和徐志摩是不是一见钟情，我们已经无从考证，但康桥绝恋的起源也只是一种感觉。

当这种感觉滋生的时候，因为不能正确地判断，所以根本无从防范，也无须防范。这种最初的感觉，也许只是某种程度的志同道合，在某个时间看到了这个人，感到身心愉悦，想要多说上几句话而已。

这种感觉无关婚姻，无关责任，无关道德，甚至无关爱情。它也许只是各自想象出的一种美好感觉，也许只是异性之间因为彼此的优秀而相吸的一种必然。我们可以对很多异性产生这种感觉，但最后不一定会发展成爱情。

林徽因和徐志摩的爱情刚开始的时候也是如此。当徐志摩来到林徽因在英国的家时，两个年轻人有共同的话题，喜欢诗，喜欢文学，喜欢美，会说一些家常，在一步步的交流中，他们彼此产生了好感，无关风月，无关爱情，只是人类最简单的交流而已。

如果，爱情永远都停留在这个时候，那它是一个美丽的梦，我们根本就不需要清醒，因为根本就不会迷失自己。因为这种感觉所能涵括的不仅仅只有爱情，还有友情和亲情。我们可以想象一下，当你看到一对陌生的男女坐在一起，快乐的谈论天气，抱怨各自的工作时，难道他们一定要谈恋爱并结婚吗？也许下一个路口，他们就会擦肩而过，成为陌路人。

林徽因清醒地看到这一点，所以，在这变化万千的感觉里，她首先选择了享受。她享受了这种纯粹的快乐，也把这种纯粹的快乐带给了徐志摩，给彼此留下了最美好的记忆空间，也成就了一段千古佳话。

而当这种感觉逐渐形成爱情的模样时，林徽因没有一头栽进爱情的旋涡里，她用理智让自己清醒了过来。那时候的徐志摩已经有了自己的妻子和孩子，如果爱情的未来就是要破坏一个完整的家庭，还要继续沉沦吗?

林徽因是清醒的，她没有为了一种感觉而背负“破坏”的后果，更没有为了一种感觉而让自己失去实质的东西。既然，爱情只是一种感觉，到了该放手的时候，那遗落感觉本身就好，何必要让自己以狼狈收场呢?

我们不得不佩服林徽因在爱情里的清醒，爱过徐志摩的女子，张幼仪让自己卑微到了尘埃里，陆小曼自始至终背负了骂名，只有她不仅保全了自己，还留下了一段千古佳话，全身而退。

## 感觉不是爱情的全部

16岁的花季少女，遇上了一个才华横溢的英俊书生，怎么会不心生爱慕。但这种心生的爱慕不是爱情的全部，爱情不仅仅需要这种感觉，还需要能够承载现实的重量。我们不能靠着感觉生活，我们需要走进现实里。

在现实里，徐志摩有自己的妻子和孩子，这注定了康桥绝恋只是空中楼阁，永远照不进现实。所以，林徽因终究没有和徐志摩成为恋人，他们只是朋友，抑或是他是她的蓝颜，她是他的红颜。

其实，谁不曾有过这样的“康桥绝恋”，只是我们做的未必有林徽因这样清醒。当我们的“康桥绝恋”来临时，无须戒备，更不要为自己挂上太多精神的枷锁，要知道想得太多只会自寻烦恼。我们需要做的只是享受这种感觉，享受每一个这样快乐的当下，千万不辜负了这来之不易的美好。

但一定要记住时刻保持清醒，感觉不是爱情的全部，它只是一场精神的盛宴，要知道，它的存在或许只是为了让我们下一次爱的更好，更清楚爱情到底是什么。所以，千万不要为了这种感觉而沉迷，也不要让自己因此而狼狈，更不要为了这种感觉而放弃自己更加珍贵的东西。

**林徽因作品**

**情　愿**

我情愿化成一片落叶，
让风吹雨打到处飘零；
或流云一朵，在澄蓝天，
和大地再没有些牵连。

## 永远不做爱情里的“小三”

爱情是盛开在女孩子青春岁月里的一朵玫瑰，它芬芳，娇艳。聪明的女人不会做别人的情人，和异性朋友交往，也会有度，更不会让自己捆死在一个已婚男人的身上。

### 人生若只如初见

当林徽因遇到徐志摩时，她正值花季，而他，已经是一个3岁男孩的父亲。

他是父亲的好友，也是林家的常客。每天下午4点，是林家的下午茶时间，常有父亲的朋友来此聚会，林徽因也和小时候一样，担任了女主人的职责。她轻盈的身影会不时出现，恰到好处地续上热气腾腾的茶水，端来美味的点心，有时她会好奇地插上几句，有时候，也会代父亲接送客人。

随着与林长民交往的深入，徐志摩和徽因也逐渐熟悉。他发现，这个梳着两条辫子、一副不谙世事的学生模样的小姑娘，不仅长得俊秀可爱，而且是个可以对话的朋友。他们常常谈及一些作家作品。徽因的表达能力极强，她的北京话略带一点儿福建口音，而她的英语则是地道的牛津音，发音吐字有音乐感，听上去舒服极了。徐志摩和她谈自己的求学经历，谈政治理想，谈济慈、雪莱、拜伦和狄更斯……林徽因大部分时候是忠实的听众，她饶有兴味地听他滔滔不绝，间或插上几句精妙的点评，推动着徐志摩更精彩的语句。这样的对话，对于说者和听者，都是精神的盛宴和享受。这让他感到兴奋。他觉得，徽因的可爱不仅在她的外貌，更在她活泼跳跃的思维、明澈清新的识见。她对文艺作品的理解和悟性超出了她的年龄。

此后，他总是早早地来到林家，在聚会中目光紧紧地追随着林徽因，林徽因的一举一动、一颦一笑在他看来都宛若天籁。他寻找着各种借口在林家磨磨蹭蹭，使自己是最后一个离开林家的客人，那样，林家的大小姐就可以大大方方地送他一程。

## 不能做“小三”

终于有一天，徐志摩不再满足精神上的交流了，他想对她坦白和倾诉自己的情感，他把那封炙热的信投进沙士顿小镇的邮筒。

面对徐志摩热烈而率真的感情追求，林徽因不知所措了。她爱徐志摩广博的见识，独立的见解，奔放的性情，坦荡率真的为人，也感激徐志摩为她打开了心灵的空间、生活的空间，她的精神在这种交流中得到了舒展和升华。她承认，她喜欢和徐志摩在一起，除了父亲之外，她从来没有和任何异性说过这么多话。

16岁的林徽因还不太区分得清，在她对徐志摩的感情里，有多少是友情，多少是异性间的倾慕。也许，这些情感本来就是互相纠缠在一起的。用林徽因的终生好友费慰梅的话来说：“她是被徐志摩的性格、他的追求和他对她的热烈感情所迷住了……对他打开她的眼界和唤起她新的向往充满感激。”“在多年以后听她谈到徐志摩，我注意到她的记忆总是和文学大师们联系在一起——雪莱、济慈、拜伦、曼斯菲尔德、弗吉尼亚·沃尔夫以及其他人。在我看来，在他的挚爱中他可能承担了教师和指导者的角色，把她导入英国诗歌和戏剧的世界，以及那些把他自己也同时迷住的新的美、新的理想、新的感受。”

最初的慌乱过去后，林徽因沉静了下来。当初，正是清楚地知道徐志摩是有家室的人，才会毫无顾忌地跟他交往，她怎么会去破坏别人的家庭？更何况，出身名门、从小跟着祖父母生活的徽因，尽管后来阅读了许多西方文学作品，但她是在传统的伦理教育中长大的。单纯的生活阅历、高傲的性情以及她过人的理性，都使她不会去做爱情中的“小三”。

她很明白，“小三”的爱情，少有修成正果的。与爱情应有的美好、甜蜜不同，第三者的爱情，更多的是痛苦、无奈、煎熬、甚至自责等。有人把第三者的爱比作毒酒，常让饮者含恨，他们的结局往往超过爱情本身，甚至惨烈到令人叹息。越是这样，越是让他们欲罢不能，不认输、不甘心，为什么自己的爱情会是这样？最后，一步步变得偏执而冲动。爱，一旦变成怨和恨，就是一把锋利的刀了。伤人，也伤己！

## 拥有爱情最美的姿势

这桩事情传到了国内，徽因的几个姑姑，在这桩事关徽因的终身大事上空前地一致。她们无论如何也不能想象，林家的大小姐会嫁给一个有妇之夫。她们写给林长民的信措辞激烈，强烈地表达了家族的意志和声音。

于是，徐志摩等到了林长民的一封信：

志摩足下：长函敬悉，足下用情之烈，令人感悚，徽亦惶恐不知何以为答，并无丝豪（毫）mockery（嘲笑），想足下悮（误）解耳。星期日（十二月三日）午饭，盼君来谈，并约博生夫妇。友谊长葆，此意幸亮察。敬颂文安。弟长民顿首，十二月一日。徽音附候。

父女二人没有决绝地拒绝他，但也清晰地表达了他们的立场，将他们的关系定位在了“朋友”上。1921年秋，林长民出国考察的时间到期。10月，林徽因随父亲乘海轮归国。

后人早已无法得知林徽因到底有没有爱过徐志摩，但她对爱情清醒而理性的处理使她得到了更多人的尊重。是啊，在爱情里，第三者的境遇是痛苦可悲的，而爱情的另一方，也同样忍受着煎熬。他背叛了自己的婚姻，却不能给所爱的人一份完整的爱情，他同样受着世人的非议和良心的拷问。爱情的姿势有许多种，但我们应该拥有一种最美的！

所以，当你深陷在三个人的爱情里无力自拔时，不要急着下结论，要多看看自己、多想想对方，多思考这份爱情究竟给你带来了什么？是幸福，还是痛苦？如果你能看清楚，你所坚持的爱情到底给自己给对方带来什么，就会有一个正确的选择！爱一个人，不仅仅是占有。当这份爱，带给对方也带给自己太多的困惑和痛苦，或许放手，才是对爱的救赎。

**林徽因作品**

**谁爱这不息的变幻**

谁爱这
不息的变幻，
她的行径？
催一阵急雨，
抹一天云霞，
月亮，星光，日影，
在在都是她的花样。
更不容
峰峦与江海
偷一刻安定。
……

## 谈一场“以结婚为目的”的恋爱

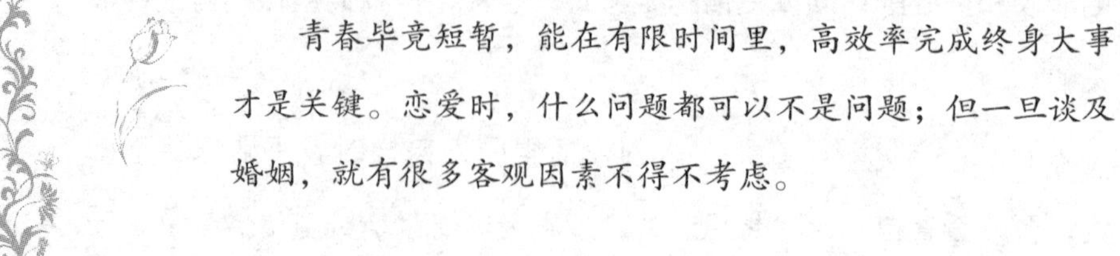

青春毕竟短暂，能在有限时间里，高效率完成终身大事才是关键。恋爱时，什么问题都可以不是问题；但一旦谈及婚姻，就有很多客观因素不得不考虑。

## 第一次亲密接触

林徽因和梁思成的结合可以说是中西相兼，郎才女貌，门当户对。他们在婚前既拥有西方式自由恋爱的爱情生活，又遵从父母之命结下秦晋之好。加上林徽因的父亲林长民是段祺瑞内阁中的司法总长，梁思成的父亲梁启超又当过熊希龄内阁的司法总长、段祺瑞内阁的财政总长，两人可谓是门第相当。

1919年，林长民和梁启超成了好朋友。父辈的频繁来往使一对小儿女有了相识的基础，14岁的林徽因和17岁的梁思成就这样在双方父母的介绍下相识了。当时，梁思成刚考入清华学堂，他热爱音乐、美术和艺术，同时又是运动健将，林徽因则出自书香门第，有着良好的修养，爱好文学艺术，且天生丽质，所以，两人接触不久，很快便都有了好感。

1920年，林徽因随父亲去欧洲，第二年11~12月间，父女二人一起抵达上海，父亲林长民因事暂时留在上海，并拜托好友梁启超将林徽因接到北京，仍然回到培华女子中学读书。

不久，梁思成便到林宅登门拜访。这次拜访，不是一般的访问，而是以一个求婚者的身份登门。几年不见，两人都有了些变化，他的个子更高了，她也出落得更靓丽了，她的见识更广了，而他的身心也成熟了许多。少年人总是容易熟悉的，尤其他们原本认识，很快，几年不见所带来的生疏感就消失了，此后，他们时常往来，关系日益亲密。

交往时的美好感觉让爱的种子悄然萌发，并开始茁壮成长。有意思的是，第一次约会时，林徽因摆出一副少女的矜持。想不到刚进太庙一会儿，梁思成就不见了。忽然听到有人在叫她，抬头一看，原来他爬到树上去了，把林徽因一个人丢在下面，林徽因被他气得半死。多年后，爱情的朵朵小小浪花还在林徽因的脑海里时时泛起美丽的波纹，以至于她每每和人谈起这些美好往事时脸上总是荡着难以掩饰的笑意。

恋爱是美好甜蜜的，感情需要丰富多彩，才能开出娇艳的花朵。诚然，爱情是一个女人最值得珍视的，但并不是唯一值得珍视的。生活里有很多事情，有亲人、朋友、爱人方面的事，也有工作、运动、逛街等事。爱一个人，可以为他做很多，但不能只为他而存在。在爱情中，女人是从恋爱中走来，却不是专为恋爱而来的。

## 以结婚为前提去恋爱

林徽因和梁思成在一起时，会自在而又真诚地谈论各种话题，如异地见闻、兴趣爱好、未来志向等。据说，梁思成后来之所以选择建筑学专业与林徽因的影响有着莫大的关系，他在一次回忆中说：“我第一次去拜访林徽因时，她刚从英国回来，在交谈中，她谈到以后要学建筑。我当时连建筑是什么还不知道，林徽因告诉我，那是艺术和工程技术为一体的一门学科。因为我喜爱绘画，所以我也选择了建筑这个专业。”梁思成并不善于言辞，但却很有幽默感。他不动声色的诙谐，常常让林徽因忍俊不禁。他长得也并不高大，但性格笃诚宽厚，让徽因感到踏实而心安。

他们无论是出身教养还是文化构成都有太多的相似，性情、趣味的相投使他们的交流十分默契。在笑谈之中，林徽因常常一看到梁思成眼里闪烁着调皮的火花，就知道他已完全理解了自己的所思所想。还有许多时候，他对她讲述着什么，这让她感到惊异，因为这正是她想说的话，却让他说出来。这种精神上的相互交融使他们觉得彼此的心贴得很近。

可以说，从一开始，他们就是志同道合者。共同的爱好（绘画、文学等），相似的家庭（书香门第、官宦之家）、教育（中西文化的熏陶）背景，还有彼此的真诚，都使他们的感情很快产生了质变。

爱情从来都是让人趋之若鹜的，但所有爱情的指向都是婚姻。婚姻毕竟是生活，免不了柴米油盐，磕磕碰碰，而要相濡以沫、相伴到老，是需要润滑剂的。这种润滑剂可以是彼此的性情相投，也可以是有共同的兴趣爱好，而非要我们委曲求全、压抑自己。林徽因和梁思成的天作之合不仅仅在于他们的门当户对，还在于他们的性情和志趣都是相合的，正如《林徽因传》中所说：

如果用古建筑来做比喻，那么梁思成就是坚实的基础和梁柱，是宏大的结构和支撑；而林徽因则是那灵动的飞檐，精致的雕刻，镂空的门窗和美丽的阑额。他们是一个厚重坚实，一个轻盈灵动。他们的组合无可替代。

因此，谈一场以结婚为前提的恋爱，不要把婚姻想象得多么美好，不要把你爱的他想象的多么完美。在恋爱时就要看清他的优点和缺点，了解他的志趣，和自己的未来是否契合。到结婚时也不要强求太多，否则你就会迷惑，我眼前的这个人还是不是我爱的人呢？难道我爱的人一直是我幻想的那个他吗？这样就会出现七年之痒甚至七月之痒，结局可想而知。

**陈明达小百科**

陈明达（1914～1997），湖南祁阳人。1932年经莫宗江介绍到中国营造学社工作，当刘敦桢助手，并参加考察古建筑，整理绘制资料。1935年提升为研究生。1940年，随梁思成、刘敦帧考察西南地区四十余县的古建筑。新中国成立后设计中共西南局办公楼和重庆市委办公楼。1953年到文化部文物局任工程师，1960年调文物出版社任编审，1971年调建筑科学研究院历史理论研究所任研究员至1987年离休。主要著作有《应县木塔》《营造法式大木作研究》《中国古代结构建筑技术》《陈明达建筑与雕塑史论》。与林徽因、梁思成同为营造学社成员。

## 找到最适合自己的人相伴一生

真正的幸福，不是寻找到最优秀的人相伴，而是找到最适合的人相随，真正的了解，不是看清他的人，而是懂得他的心。

## 两小无猜

林徽因和梁思成是年少时的玩伴，再相见，更是相互理解互相吸引的。他们在很多方面极为相似，如价值观与人格、兴趣和经验、人际风格，这让他们之间的好感可以相互传达出强大的力量。诚然，在那个年代，门当户对也很重要，但最重要是兴当趣对，不然，没有共同语言，即使在一起，仍然会感觉到孤独。他们一样热爱文学、热爱艺术，也热爱建筑学，这让他们在长期的相伴中能够相知、相处中可以相容。

能够和林徽因这个造化钟林秀的精灵相爱，让梁思成觉得自己是世界上最幸福的人。在他的眼里，林徽因是完美的化身。她秀美、灵动的外形以及她的气质、见识，无一不让他倾心。他对徽因不仅是情爱，更是欣赏和珍爱。

林徽因也沉浸在爱的幸福中。两心相许、真挚深情地去爱一个人和被人所爱，是她从少女时代就有的梦想和渴望，而梁思成让她的梦幻成真。正是因为爱，使那些寻常的事情都有了灵性。

## 当爱遭遇磨难

对于两个相爱的年轻人的未来，家里早有安排。等梁思成从清华学堂一毕业，就送他们去美国留学深造。但老天好似非要考验他们，看他们是否能相互扶持走完一生。

1923年5月7日，北京的学生举行“五四国耻日”游行，梁思成和弟弟梁思永驾驶摩托车追赶游行队伍。结果被大轿车撞倒，摩托车重重摔倒在地，梁思成被压在摩托车下面，梁思永被甩到远处。因为这次事故，从那以后，梁思成的左腿就比右腿短了1厘米，跛足和由于脊椎病弱而装设背部支架的痛苦从此伴随了他的一生。

林徽因得知消息后，迅速赶来看望，一直守在梁思成的病床边。此后，她天天来看望梁思成，在每个下午都坐在病床边，热心地和他说话，开玩笑、安慰他，或者帮他擦汗、翻身。患难见真情，对处于恋爱中的人来说，爱人的一个眼神，一个微小的动作，都会让对方感到异常甜蜜。

但令林徽因感到沮丧的是，她的表现却没有得到梁思成母亲的赞赏。这个古板守旧的老妇人认为，一个未婚女孩子这样频繁地抛头露面，与异性接触，实在是太出格了，她甚至断定梁思成娶这么个女孩子不会幸福。林徽因得知后自然很是苦恼。但她还是天天来看望、护理梁思成，直到他出院。

突如其来的灾难并没有分开两个相爱的人，反而让他们更加紧密地结合在一起。次年7月，林徽因、梁思成到达美国进修。此时，梁思成不时收到姐姐梁思顺的来信。姐姐与母亲还是对林徽因很不喜欢，坚决反对他们俩结婚，这让梁思成异常苦恼。林徽因对此自然感到非常委屈，她并没有做错什么，但这些事还是让她感到抑郁，后来更因此生病。令林徽因感到欣慰的是，梁思成很明白事理，懂得林徽因的苦衷，还十分体贴。

后来，由于也在美国留学的弟弟梁思永的劝说，姐姐对林徽因的态度终于有所改变，但这时，梁思成的母亲却病重，而梁思成刚入大学不久，无法返回，由此一来，他和林徽因终日黯然神伤，内心十分痛苦。

## 爱要经得起考验

次年，仍在美国的林徽因又接到了父亲林长民去世的消息。得此噩耗，林徽因悲痛万分，大哭不已。她与父亲的感情非同一般，亦父亦友，她是父亲最疼爱的孩子。正当壮年、年仅49岁的父亲竟然就此离世，怎不叫她伤心欲绝？父亲一生清廉，家里的积蓄仅有300块，母亲和弟妹怎么过？此时，林徽因恨不能立刻回国。这时，父亲的好友、梁思成的父亲梁启超发来电报说，家里的事不用她担心，他会帮着处理，要她好好注意身体，继续在美国求学。梁思成也一直陪伴着几近崩溃的她，并劝说她继续求学，林徽因才终于没有回去。但她心里难过至极，整天以泪洗面，很快就病倒在床，这段时间，梁思成一直无微不至地照顾她，帮她渡过难关。

真正的爱情，不止是花前月下，也要经得起雨打风吹。从梁思成当年的伤病、他母亲的强烈反对，到经历梁思成母亲和林徽因父亲相继过世的痛苦，再到她的病倒，两人几经磨难，但一直不离不弃、相伴相依，这才有了他们后来的幸福相随。

他们一样热爱文学、热爱艺术，也热爱建筑学，这让他们在长期的相伴中能够相知、相处中可以相容。

**卞之琳评价林徽因**

卞之琳慨言："她天生是诗人气质、酷爱戏剧，也专学过舞台设计，却是她的丈夫建筑学和中国建筑史名家梁思成的同行，表面上不过主要是后者的得力协作者，实际却是他灵感的源泉。"

## 适可而止的爱情是一种幸运

爱情似火，但不能无度燃烧。很多时候，爱情真的应该适可而止，世间的痴男怨女总给爱情加载太多的负担与需索，使爱情失去了原有的味道。爱需要的是默契，是宽容和理解，爱，需要适度。

### 爱需要尊重

在懵懂的16岁，林徽因未必没有对徐志摩动过心，但她理性地选择了沉默，郑重地珍藏起了徐志摩的情感，对这份美好的情感她永远报以深情的凝视。这使她在以后的岁月里，始终与徐志摩保持着朋友间真诚而纯洁的情谊，而她对徐志摩感情的理解和尊重，使她永远拥有徐志摩的敬重和挚爱。

多年以后，徐志摩乘飞机遇难，悲痛的林徽因在给胡适的信中，谈到自己对徐志摩的感情：

我的教育是旧的，我变不出什么新的人来，我只要“对得起”人——爹娘、丈夫（一个爱我的人，待我极好的人）、儿子、家族等等，后来更要对得起另一个爱我的人，我自己有时的心，我的性情便弄得十分为难……

这几天思念他得很，但是他如果活着，恐怕我待他仍不能改的。事实上太不可能。也许那就是我不够爱他的缘故，也就是我爱我现在的家在一切之上的确证。志摩也承认过这话。

从中，我们可以看到林徽因真实的心迹，不是不爱，亦非不敢，而是不能。任何事情都有两面性，她有她的选择和坚持，她也深深懂得，要生动就得折腾，要宁静只有淡泊。人生路上，要走的不是两三天，而是一世。感情的事，最难之处，不在于爱上一个人或是对他说我爱你，而在于爱的尊重、爱的持久和爱的平等，因此，必须懂得什么时候适可而止。

## 爱经常会面临选择

在后来处理和金岳霖的感情时，林徽因亦聪慧地做出了自己的选择。

金岳霖早年毕业于清华学院，后留学美国、英国，又游学欧洲诸国，回国后在清华和北大执教。他是中国著名的哲学家、逻辑学家，也是最早把现代逻辑系统地介绍到中国来的逻辑学家之一。他与徐志摩是好友，认识林徽因夫妇也是通过徐志摩介绍的。19世纪30年代，梁家住在北京北总布胡同3号，几乎每周在这四合院里都有沙龙聚会。因为梁、林夫妇的人格魅力与渊博学识，在他们周围很快聚集了一批当时中国知识界的文化精英，他们中间有徐志摩、萧乾、张奚若、梁秋实、钱端升、李济等。这个午后茶也因冰心的一篇《我们太太的客厅》，而被人们称为“太太客厅”艺术沙龙。林徽因扮演的是“闲谈主持人”的角色，她动人的谈吐和才气吸引了众多的社会人士前来。一天，徐志摩带来了他的朋友金岳霖，此后，金岳霖更是成为梁家沙龙的座上常客。

后来，金岳霖索性搬到梁家旁边做了邻居，梁思成夫妇住前院的大院，金岳霖住后院的小院，都是单门独户。两家人的关系亲密无间，金岳霖除了早饭是在自己家吃外，中饭晚饭大都是在梁家一起吃的。

金岳霖被梁家美丽的女主人吸引，他认为文弱秀丽的林徽因具有独特的精神气质，既如诗一般空灵飘逸，又具有忘我献身热情的科学精神。这两种原本互相排斥、互相矛盾的精神气质在林徽因身上竟然存在得如此和谐、相得益彰。对于金岳霖这个长期从事德国古典哲学研究和抽象的逻辑学教学的教授来说，这种精神气质具有照亮和点燃心灵的作用。

由于饱受欧风美雨的沐浴，金岳霖的生活相当西化，西装革履，仪表堂堂，加上一米八的高个头，极富绅士气度。然而他又不像那些传统绅士般刻板无趣，他酷爱养大斗鸡，家里还有许多蛐蛐缸。吃饭时，大斗鸡跳上桌子吃桌上的菜肴，他也不驱赶，与鸡平等共餐。据说他有眼疾、怕光，长年戴着一圈遮光的大檐儿帽子，连上课也不例外。他会一口流利的英语，同时又精通国学，可以说是满腹经纶。如此男子，也势必令女子倾心。

## 爱需要适可而止

其实，谁都知道，在这芸芸众生中寻找一个值得爱的人并不容易，有时穷极一生也未必如愿。太多的时候爱别人或者被别人爱都是进退两难，就如徐志摩之于林徽因。而真正懂爱的人不会让自己爱的人受伤，值得让你流泪的人也不会让你哭。金岳霖和林徽因也是志趣相投、交情至深，他们一直毗邻而居，一生为友。从1932年到1937年夏的北京北总布胡同，到四川李庄，再到新林院，二人终未能跨越那一步雷池。他以这种温和的方式默默守护心中至爱，她习惯着他的呵护，任何时候，只要她需要，他都在，只要他在，她就心安。

在现实生活中，人总要经历这样那样的考验，我们会遇到很多意想不到的事情，不是一句我爱你就可以解决所有问题，我们要有足够的耐心去面对。甚至有时，我们所爱的人并不一定爱我们，而爱我们的人又不一定会是我们所能爱的，但是，无论我们的人生遭遇到多大的变化，无论这个变化对我们的现在乃至未来会有多大的影响，都要记住：

爱，需要适可而止！

**陆小曼小百科**

陆小曼（1903～1965），近代女画家，江苏武进人，父亲陆定原是财政部的赋税司司长。1915年就读法国圣心学堂，她18岁就精通英文和法文。1922年和王庚结婚，1925年离婚。她是个画家，师从刘海粟、陈半丁、贺天健等名家，1926年与徐志摩结婚，同年参加了中国女子书画会，1941年在上海开个人画展，晚年被吸收为上海中国画院专业画师，上海美术家协会会员，曾参加新中国第一次和第二次全国画展。她擅长戏剧，曾与徐志摩合作创作《卞昆冈》五幕话剧。她谙昆曲，也能演皮黄，写得一手好文章，有深厚的古文功底和扎实的文字修饰能力。

## 有一种爱叫作放手

爱一个要学会放手，喜欢一个人不一定在一起才幸福，也许真正的爱便是如此，不求回报，不愿拖累，即使爱已深入骨髓，也毅然选择放弃。

### 同时爱上两个人

金岳霖比林徽因大 9 岁，比梁思成大 6 岁，夫妇二人视他如兄长，他们比邻而居，关系十分亲近。后来战乱，偶尔不在一地，例如抗战时在昆明、重庆，金岳霖每有休假，总是跑到梁家居住。金岳霖对林徽因的人品才华赞美至极，十分呵护她；林徽因亦对他十分钦佩敬爱，他们总是能适时地明白对方的意愿，心灵沟通非同一般。时日长久，两人之间产生了一种微妙的感情，但这时林徽因已经罗敷有夫，而且丈夫梁思成一直爱她敬她，他何其无辜？当什么事情都没发生过，她又做不到。

终于有一天，林徽因经过深思熟虑，对梁思成毫不隐讳地说起自己同时爱上了两个人。她坦诚得如同小妹求兄长指点迷津一般，把决定权交给了自己丈夫。梁思成听到后，矛盾痛苦至极，但他比较了金岳霖优于自己的地方。尽管梁思成在文学、艺术各方面都有一定的修养，但缺少金岳霖那哲学家的头脑，金精通英文，习惯于用英文思考哲学和逻辑学问题，但又在中国传统文化中浸濡很深，总能跟上林徽因那敏捷的思维，并常常可以切中要害。同时，他和林徽因在艺术上有更多的话题，他对中国山水画有很高的鉴赏力，还酷爱京剧，家中收藏有许多京剧名角的唱片，自己也能唱得有板有眼。苦思一夜，次日，梁思成眼圈晕黑，决定把选择权交给妻子。林徽因又原原本本把一切告诉了金岳霖，金岳霖的回答更是率直坦诚："看来思成是真正爱你的，我不能去伤害一个真正爱你的人，我应该退出。"于是她也欣慰地放手了，此后，他们三人毫无芥蒂，终生为友。金一直跟着梁、林作邻居。他们相互间也更加信任，甚至有时梁思成、林徽因夫妻俩吵架，也是找理性冷静的金岳霖仲裁。

金岳霖一直与梁家联系在一起，基本上成了梁家一员。金岳霖曾在给费慰梅的信中说，"我离开了梁家就跟丢了魂一样。"

他终生未婚，在晚年曾谈到他与梁家几十年的交往：

梁思成、林徽因是我最亲密的朋友。从一九三二年到一九三七年夏，我们住在北总布胡同。……除早饭在我自己家吃外，我的中饭晚饭大都搬到前院和梁家一起吃。这样的生活维持到“七七事变”为止。抗战以后，一有机会，我就住在他们家。他们在四川时，我去他们家不止一次。有一次我的休息年是在他们李庄的家过的。抗战胜利后，他们住在新林院时，我仍然同住，后来他们搬到胜因院，我才分开。我现在的家庭仍然是梁金同居。只不过我虽仍无后，而从诫已失先这一情况而已。我同梁从诫现在住在一起，也就是北总布胡同的继续。

## 放手是爱情中最高的智能

放手和放弃，其实并不是非得在爱情消逝的时候去做。事实上，当爱情还在的时候，在爱还没成为伤的时候，就该懂得放手的智能，这也是爱情中最高的智能。林徽因正是因为她的这种智能，使她在三个人的爱情中还能保持清醒，以她的坦诚赢得了丈夫的谅解和金岳霖的尊重。

当爱已走远，很多不美好的感觉开始浮现心头；紧紧拽着，只会让自己和对方一起痛苦纠结，能否惩罚对方是个未知数，但是自己绝对是被惩罚最深的一个。因为自己把自己享受快乐和幸福的可能剥夺了。爱不是一种权利，更不是交易，所以不能用占有和控制对待它，因为你能控制和强迫对方的身体和行动，却束缚不了对方的心。李莫愁的悲剧何尝不是如此！因此，林徽因的智慧更让人觉得敬佩。

所以，在生活中，如果有一天我们遇到了这样的情况，我们的爱人放弃了我们的关系，也不需要争吵，不要让我们的记忆永远地停留在灰暗的角落里；如果我们有一天想放弃对方的时候，也不要觉得负担，因为这是我们给我们俩幸福的机会。

因此，当爱还存在的时候，要懂得放手，给爱一个空间，不要让爱成为我们彼此的枷锁。其实，如果我们爱一个人，要求的仅仅是双方粘在一起，这并非真正的爱，而是因为害怕、缺乏安全感、甚至嫉妒，而把自己生命的意义和重量交在对方身上，最终成为对方的负担。

Part 8

# “经营”婚姻用情更需用“心”——像林徽因一样把婚姻变成快乐天堂

## 幸福的婚姻贵在珍惜

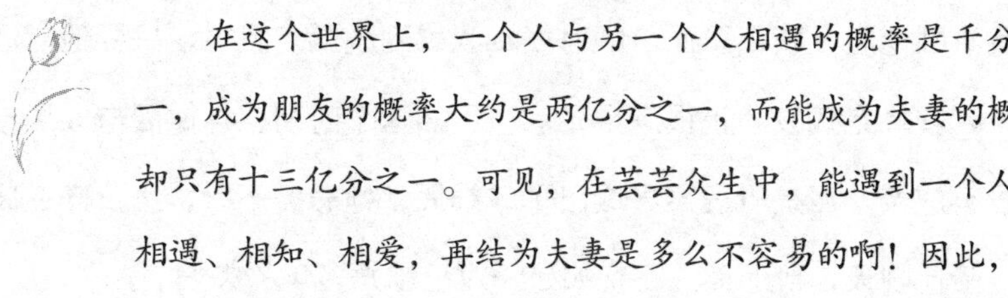

在这个世界上，一个人与另一个人相遇的概率是千分之一，成为朋友的概率大约是两亿分之一，而能成为夫妻的概率却只有十三亿分之一。可见，在芸芸众生中，能遇到一个人，相遇、相知、相爱，再结为夫妻是多么不容易的啊！因此，我们才更需珍惜。

### 乍见之欢，久处不厌

每个人都有过美丽的梦，觉得自己会拥有一份浪漫美好的爱情，能获得一段圆满的婚姻。历史上，许多文人墨客写的诗词、文章，对爱情与婚姻的描述都充满了浪漫，但是，这些华丽的文章却大多是别人的故事，看别人的故事时总是有着朦胧的美感，但自己的婚姻却尽是一些看不见的纷纷扰扰，如同蛛丝一般地缠绕着自己。

其实，无论是男人，还是女人，他所选择的伴侣可以决定他所选择的人生，一个人的人生是幸福还是悲情，大多取决于你牵手的那个人。走进婚姻的殿堂，就如其他人的生活一样，琐碎的事情不断，但是，既然有缘相聚，就要学会珍惜。

林徽因初见梁思成时，她14岁，他17岁，只是这惊鸿一瞥，她便在他的心中留下了清丽脱俗的深刻印象，犹如一只小舟，悄然驶进了他的心湖。

在一次“五四国耻日”的游行上，梁思成不幸遭受车祸意外受伤，伤势不轻。其父梁启超说：“这时候，我的心差不多要碎了……当我看到他脸上恢复了血色的时候，我感到欣慰。我想，只要他能活下来，就算是残废我也很满足了。”虽然这个时期，林徽因与梁思成还没有成亲，但是听说梁思成出了车祸后，她悲痛不已，终日守在床边，陪他聊天，帮他擦汗，犹如是一对已结婚多年的夫妇。

梁启超对林徽因的喜爱自不必说，他曾对梁思成说：“徽因我也很爱她，我常和你妈妈说，又得一个可爱的女儿……老夫眼力不错吧。徽因又是我第二回的成功。”

## 因为懂得，所以珍惜

婚前，梁思成问林徽因：“有一句话，我只问这一次，以后都不会再问，为什么是我？”

林徽因答：“答案很长，我得用一生去回答你，准备好听我了吗？”

婚后，他们的感情也有过动荡，当金岳霖在他们之间横空出世，因了她的坦诚和尊重，因了他的宽容和敬爱，一场危机消弭于无形，他们也更加珍惜彼此，他们更加投契，婚姻也更加稳固。

如果要问关于完美女子的标准，一百次的回答都是林徽因。这样的女子已经是个传奇，只能仰望。

所有人都知道她和徐志摩的故事，甚至很多现代人对她的认识是从徐志摩开始，从那场康桥之恋开始。他为她写下那样的诗句，为她负了妻子、离了孩子，可是最后她还是没有选择他。很多人都知道金岳霖对她脉脉深情，静静守候，可是她的选择依然没有变。因为懂得，所以珍惜。

如果说生活是一片辽阔、迷人的海域，那么婚姻就像是漂泊在风浪中的小船，而婚姻中的男女就如同一只小舟上的两个舵手。善于掌舵的人，能够彼此付出，共同努力，他们能聪明地时刻调整自己的动作，所以也能领略生活的甘美；而那些总是彼此抱怨，不肯付出，只想索取的人，总是看不清眼前面临的困境和灾难，无法适时调整航向，也不能把握好手中的舵，于是他们被生活的风浪无情地掀翻，跌入痛苦、绝望的深渊。

林徽因和梁思成应该是善于掌舵的一对了，他们在婚姻中遇上风浪能彼此扶持、相互信任，所以即使遇上重大危机也能化险为夷，最后成就一段佳话。

婚姻总是很现实的。当生活中的琐琐碎碎、柴米油盐取代了我们想象中的花前月下，我们才开始意识到，对方不是罗密欧，自己也不

林徽因初见梁思成时，她14岁，他17岁，只是这惊鸿一瞥，她便在他的心中留下了清丽脱俗的深刻印象，犹如一只小舟，悄然驶进了他的心湖。

是朱丽叶，我们只是普通的某太太，需要实实在在的生活，同时也会发现对方与自己有很多不和谐的地方，于是开始不满意自己的婚姻、不满意那个人。我们开始在不经意的冷淡中拒绝着爱人的温暖，在我们漠视的眼神中扼杀、否定着自己最初的爱情。聪明的女人，如林徽因，会懂得天下所有的婚姻都是一样的，需要容忍、宽恕和珍惜，这时候，婚姻才开始变得美满。

所以，不要轻易否定自己的婚姻，不要有太多的抱怨，即使你真的发现他有很多的缺点和错处，那也要学会去体谅和包容。人生路上，愿意和我们一起走过风雨，涉过坎坷，而依然无怨无悔的人，只有我们的另一半，愿意并且能够与我们相依一生的人，也只有我们的另一半。

**林徽因作品**

**风　筝**

看，那一点美丽
会闪到天空！
几片颜色，
挟住翅膀，
心，缀一串红。
……

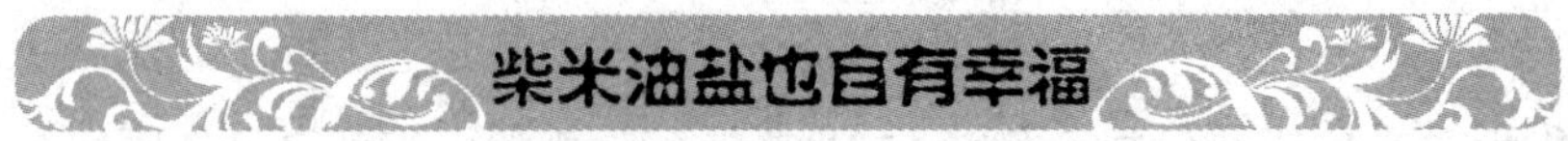

## 柴米油盐也自有幸福

很多人说结婚就是柴米油盐酱醋茶，而有人却觉得结婚是吃着用这些东西做出的美味佳肴，然后一起享受清风明月般的浪漫情怀。

### 经万千繁华，归山花宁静

林徽因是一个出身于官僚知识分子家庭的大家闺秀，背景不凡，丈夫亦是名流之辈。20岁时，以才貌双全在北京上层文化圈被津津乐道；24岁被聘为东北大学建筑学教授；45岁时被清华大学聘为一级教授，在自己的专业上取得了卓越的成就。

她是一个集万千繁华于一身的奇女子，世人都以为她无法承载生活中的平淡，只能做上流社会的佼佼者。殊不知，这样的一位奇女子，经得起繁华，更受得了平淡。

在避难期间，她和梁思成住在只有几十户人家的小村子里，农舍简陋不堪，时常外面大雨滂沱，屋内小雨绵绵，像老鼠和蛇这样的小动物亦是经常光临。吃水要到村外的水塘去挑，因而林徽因才买了一口近一米高的陶制大水缸，用来储存生活用水。

平常吃饭就是在一只三条腿的火盆上支一口锅，煤灰和泥做成的煤球就是燃料。这个地方贫瘠落后，没有电话，没有布匹，没有任何交通工具，他们每天都要出去买食物，因为家里没有冷藏设备，走的

是土路，晴日里尘土飞扬，下雨天泥泞不堪。在这段时间里，林徽因褪去了身上的光环，俨然成为了一个终日为果腹而忙碌奔波的妇人。

李健吾曾在《林徽因》一文中说：“我最初听到他们的消息，是有人看见林徽因在昆明的街头提了瓶子打油买醋。”

后来，梁思成车祸受伤造成的后遗症时不时就会发作，于是家中的所有重活也都落到了林徽因一个人的肩上。这个昔日的大家闺秀如今过着困苦交加的生活，她孱弱的肩膀正支撑着全家人的生活负担。令人意外的是，她竟然一路就这样走了过来，糟糕的生活现状并没有使这位千金大小姐叫苦不迭，她将简陋的农舍打扫得一尘不染，少得可怜的生活用品整洁干净，窗台上时常放着从田野里采来的鲜花，她积极与当地的人们打成一片，简直就是地地道道的农村妇女。

《微光》这首诗记录的就是这段难忘的避难时光：

街上没有光，没有灯，
店廊上一角挂着有一盏；
他和她把他们一家的运命
含糊地，全数交给这黯淡。
街上没有光，没有灯，
店窗上，斜角，照着有半盏。
合家大小朴实的脑袋，
并排儿，熟睡在土炕上。
外边有雪夜；有泥泞；
砂锅里有不够明日的米粮；

小屋，静守住这微光，
缺乏着生活上需要的各样。
缺的是把干柴，是杯水；麦面……
为这吃的喝的，本说不到信仰，
——生活已然，固定的，单靠气力，
在肩臂上边，来支持那生的胆量。
明天，又明天，又明天……
一切都限定了，谁还说有希望，
——即使是做梦，在梦里，闪着，
仍旧是这一粒孤勇的光亮？
街角里有盏灯，有点光，
挂在店廊；照在窗槛；
他和她，把她们一家的运命
明白的，全数交给这凄惨。

## 平平淡淡亦是真

1932年8月，林徽因生下一个儿子，家里添了人口，林徽因的家务就明显地多了起来，这是她第一次为操持家务苦恼。虽然家里还有仆人，但是她才3岁大的女儿、新生的儿子，还有她的母亲，都需要她费心。她要照顾母亲、丈夫、两个孩子，还要监管六七个佣人的工作，还得招待经常上门聚会的朋友们。总之，她是这个家的总管。

林徽因与当时的许多女性知识分子一样都是过渡的一代，她广泛接触了西方文明，反抗传统的老规矩。她在英国、美国，甚至在读小学的时候，一直都是以一个独立女性的姿态出现的。但是，这次她被家里的一切牵扯住了。无论是在书桌还是画板前，她没有一刻不受孩子、母亲、佣人的干扰，一切的事情都要她拿主意。这些事情是她所烦恼的，牵扯住了她大部分的精力，但她不得不接受，并开始慢慢适应这一切。她在一次给朋友的信中写出了她的这种心理矛盾：

每当我做些家务活时，我总觉得太可惜了，觉得我是在冷落了一些素昧平生但更有意思、更为重要的人们。于是，我赶快干完了手边的活儿，以便去同他们“谈心”。倘若家务活儿老干不完，并且一桩桩地不断添新的，我就会烦躁起来。所以我一向搞不好家务，因为我的心总一半在旁处，并且一路上在诅咒我干着的活儿——然而我又很喜欢干这种家务，有时还干得格外出色。

虽然不喜欢别人拿家务活干扰她，浪费她那有限的时间。可是她真做起家务事来也绝不含糊。她在梁家是长嫂，在林家是长姐，家里自然常有亲戚来往，有时候单单安排好客人的吃喝拉撒睡就不是件容易的事。据说有一次家里客人来得太多，床铺不好安排，她便画了一张床铺图，共计安排了17张床铺，然后在每张床铺上标明谁要来睡。拿专业精神做家务事，家务自然也被她安排得井井有条。

有婚恋专家认为，家务活也是生活中不可缺少的一部分，不但会给家庭带来温馨和情调，也会增进夫妻感情。只要我们别把家务看得太重，以致凌驾于快乐之上。只要我们能处理好这些事情，就会发现，柴米油盐也自有幸福。

**张幼仪小百科**

张幼仪（1900～1988），江苏宝山人，名嘉玢。徐志摩原配夫人，比徐志摩小4岁。祖父为清朝知县，父亲张润之，名祖泽，是当时上海宝山县巨富。张祖泽有八子四女，张幼仪排行第八，为其次女。她的二哥张君劢，是中国现代史上颇有影响的政治家和哲学家，民社党创立者。张幼仪评价林徽因说："徐志摩的女朋友是另一位思想更复杂、长相更漂亮、双脚完全自由的女士。"

## 对待婚外情需谨慎

走入婚姻后，很多人因为婚姻生活变得平淡，经受不住身边的诱惑，发生了婚外情。但是，相对于婚姻而言，婚外情总是短暂的，虽然那感觉美妙，也不过是一首插曲，曲终人散、尘埃落定后，各人终须归回各家门。

### 不要让爱辜负爱

林徽因和梁思成在婚后关系和睦，但也和所有已婚的夫妻一样，慢慢变得平淡，犹如白开水般，看似无味，却又是人体不可缺少的能源。他们家里常有一群朋友在此聚会，其中，就有博学善思的哲学家金岳霖，林徽因被他闪光的思想所吸引，而金岳霖惊讶于林徽因的美丽以及对文学和艺术的感知力，他们总是能很轻易地了解对方话语中的含义，对很多事情的看法和想法都惊人的相似，这样的一对男女，不可避免地相互吸引着。

而林徽因对这段来自婚外感情的处理至今都为人称道，她坦率地告诉了丈夫自己的感情变化，她爱上了两个人，爱丈夫，也爱那个人。梁思成在感到震惊之余，更感到了她的尊重和信任，于是又将选择权交回了她手上，而林徽因不仅没有离开他，反而感动万分地对梁思成说了一句能让世上所有男人都无法拒绝的话语：“你给了我生命中不能承受之重，我将用我一生来偿还！”另外的那人，金岳霖，在得知梁思成的大度后，更是豁达地选择了退出。他们各自的选择，使得他们的故事更加唯美和梦幻。谁不想有这样一个宽容大度的丈夫？谁不愿有这样一个豁达无私的情人？谁不想像她一样，在错综复杂的情爱中也能保持清醒？

苦苦执念的唯有徐志摩，这个才情满怀的诗人，为赴林徽因之约，乘坐的飞机不幸失事，撒手人寰。徐志摩沉浸在自己的情感世界中太久，恩师梁启超曾写信给他，力劝他悬崖勒马，他在信中说：“其一，万不容以他人之痛苦，易自己之快乐。……其二，恋爱神圣为今之少年所乐道。……呜呼志摩！天下岂有圆满之宇宙？……吾侪当以不求圆满为生活态度，斯可以领略生活之妙味矣。……若沉迷于不可必得之梦境，挫折数次，生意尽矣，忧悒佗傺以死，死为无名，死犹可矣，最可畏者，不死不生而堕落而不能自拔，呜呼志摩，无可惧耶！无可惧耶！”梁启超喜爱徐志摩的才情，不想自己的用心良苦却无法使其回心转意。

徐志摩回信给梁启超，说：“我之甘冒世之不韪，竭全力以斗者，非特求免凶惨之苦痛，实求良心之安顿，求人格之确立，求灵魂之救度耳。……我将于茫茫人海中访我唯一灵魂之伴侣；得之，我幸；不得，我命，如此而已。……”

在爱情面前，徐志摩远没有金岳霖理性、节制，他的一意孤行使林徽因陷入尴尬的境地，毕竟当时的他已是有妇之夫。这对15岁就嫁给徐志摩的张幼仪来说是不公平的，何况当徐志摩一纸休书出现在她的面前时，她已经怀有身孕。

值得庆幸，林徽因是理智的，在道德的限制下，她抽身而出，做出了正确的选择。

## 不后悔的选择

无疑，林徽因是幸运的，她因自己的优秀吸引着那些优秀的男性，也因他们的优秀而显得更加优秀。

毫无疑问，金岳霖是真正的绅士。他爱着林徽因，并且因为爱林徽因而爱他的家庭，以及她所爱的人。在以后的岁月里，金岳霖成了梁家的一员。林徽因、梁思成和他们的孩子都爱他信任他，从30年代一直到金岳霖的晚年，他对她的爱从来没有改变过，即使她是别人的妻子，即使她早早地离开人世，他为了她，终身未娶，将爱延续了一生。爱上别人的妻子，在传统的伦理道德中被人认为是一种不合道德规范的感情，但金岳霖却将他的这种感情传达出超越一般道德规范的美好。

梁思成也是真正的绅士。他的真诚和博爱，化解了一个丈夫至为尴尬的一场感情波澜。他尊重和珍爱自己的妻子，所以不忍让徽因在感情上受一点委屈。他笃诚和信任自己的朋友，不论是徐志摩还是金岳霖，这使他赢得了朋友们永远的敬重。因为他的胸襟情怀，使他生活中的夫妻之爱和朋友之爱都达到了一种理想的境界。林徽因曾经发自内心地说：如果她的人生可以重新安排，她仍然会选择现在的家庭。在这样的家庭里，她与丈夫互相欣赏，互相砥砺，他们有共同钟爱的事业以及美好的人格。

其实无论是在当时还是在之后，她的感情生活都时常遭到人们的非议，因为徐志摩为了她背弃发妻，成了中国第一个离婚的男人；因为金岳霖明明和她有着暧昧却一直与她相伴相随。这两个男人在先后被她拒绝后却一直与她保持着难得的友谊，这是世人所无法理解的情操。但是，作为当事人的林徽因对此从来不置一词。在外界的传闻和流言面前，她也从不辩解什么，始终保持着高贵的沉默，而在心灵的最深处，她自有珍藏。

俗话说：痴心的女儿负心的汉。女人在面对婚外情时，要学学林徽因的聪慧和冷静，善待自己的婚姻，也善待自己的感情。

**林洙小百科**

林洙（1928～）福建省福州市人，清华大学建筑师、教员、作家，中国著名建筑学家和建筑教育家梁思成的第二任妻子（1963～1972年），并陪伴其走过了人生艰难岁月的十一年，直到梁思成临终。自1973年起，她全力整理梁思成遗稿，先后参与编辑了《梁思成文集》《梁思成建筑画集》《梁思成全集》等书。2004年6月，为纪念林徽因诞辰100周年，清华大学出版社出版的《梁思成、林徽因与我》，新书的封面，是一张梁思成与林徽因的合影。而林洙是看不到的。

## 不要把家庭变成法庭

家，不是讲理的地方，是付出爱的地方。夫妻之间没有什么深仇大恨，但是朝夕相处中，吵架在所难免。即使睿智如林徽因也有需要面对家庭战争的时候，但最重要的是，怎样平息战争。

### 天下没有不吵架的夫妻

在林徽因与梁思成结婚之际，梁启超曾写了一封信给他们，说：“你们俩从前都有小孩子脾气，爱吵嘴，现在完全成人了，希望全变成大人样子，处处互相体贴，造成终身和睦安乐的基础。”夫妻之前个性和脾气总会存在差异，由此引发的争吵也在情理之中。何况是心直口快的林徽因与沉默冷静的梁思成呢?

1936年年初，梁思成要去上海，结果因为一件小事，两人发生了口角。在平日的生活里，他们也和所有夫妻一样，会发生争执，但这次两人是真生气了。而且在气头上，都拣着最解气、最伤人的话说，结果，梁思成生气地乘火车去外地出差了，而林徽因在家哭肿了眼睛。第二天一早，林徽因的心情平复了很多，正想如何设法补救，这种小吵小闹，只要即使解决，就会成为生活中的一味调剂品，但要是听之任之，就会成为婚姻中的毒药。梁思成也是这种想法，他先后从火车上发回了两封电报和一封信，对林徽因述说着他的牵挂和对吵架的懊悔。林徽因原本一夜没睡好，头有点晕，梁思成的信和电文更让她感到了幸福的眩晕。

争吵是痛苦的，梁思成曾写信给大姐梁思顺，他在信中说：“今年思成和徽因在佛家的地狱里待了好几个月。他们要闯过刀山剑林，这种人间地狱比真正地狱里的十三拷问室还要可怕。但是如果能改过自新，惩罚之后便是天堂……其实我们大家都是在不断再生的循环之中。我们谁也不知道自己一生中要经过几次天堂和几次地狱。”

值得一提的是，只要他们夫妇二人发生争吵，都会拉金岳霖在其中说和，进行调节。

## 给沈从文的信

有时生活里的事情是很奇妙，她被家庭困扰得痛苦不安，刚刚得到缓解，这时，女佣又送来了沈从文的一封信。沈从文与妻子张兆和发生了矛盾，十分苦恼，便写信向林徽因倾诉。读着沈从文的信，林徽因禁不住微笑了。她对这种家庭问题带来的苦恼不仅理解，而且肯定地认为："人活着的意义，基本的是能体验情感。"

她写信给"二哥"沈从文，并理性地清理自己的思绪，剖析自己的感情，开导和劝慰着苦恼中的"二哥"：

我的主义是要生活，没有情感的生活简直是死！生活必须体验丰富的情感，把自己变成丰富、宽大，能优容、能了解、能同情种种"人性"，能懂得自己，不苛责自己，也不苛责旁人。不难自己以所不能，也不难别人所不能，更不怨命运或是上帝，看清了世界本是各种人性混合做成的纠纷，人性又就是那么一回事，脱不掉生理、心理、环境习惯、先天特质的凑合！把道德放大了讲，别裁判或裁削自己。任性到损害旁人时如果你不忍，你就根本办不到任性的事。想做的事太多，并且互相冲突时，拣最想做——想做到顾不得旁的牺牲的事做，未做时心中发生纠纷是免不了的，做后最用不着后悔，因为你既会去做，那桩事便一定是不可免的，别尽着怪罪自己。

我方才说到极端的愉快、灵质的透明的美丽的快乐，不知道你有否同一样感觉。

我的确有过，我不忘却我的幸福。我认为最愉快的事都是一闪亮的在一段较短的时间内迸出神奇的——如同两个人透彻的了解：一句话打到你心里使得你理智和感情全觉到一万万分满足；如同相爱：在一个时候里，你同你自身以外的另一个人互相以彼此存在为极端的幸福；如同恋爱，在那时那刻眼所见、耳所听，心所触无所不是美丽，情感如诗歌自然的流动，如花香那样不知其所以。

这些种种便都是一生中不可多得的瑰宝。世界上没有多少人有那机会，且没有多少人有那种天赋的敏感和柔情来尝味那经验，所以就有那种机会也无用。

……在夫妇中间为着相爱纠纷自然痛苦，不过那种痛苦也是夹着极端丰富的幸福在内的。冷漠不关心的夫妇结合才是真正的悲剧!

如果在“横溢情感”和“僵死麻木的无情感”中叫我来拣一个，我毫无问题要拣上面的一个，不管是为我自己还是为别人。人活着的意义基本的是在能体验情感。能体验情感还得有智慧有思想来分别了解那情感——自己的或别人的!……

算了吧!二哥，别太虐待自己，有空来我这里，咱们再费点时间讨论讨论它，你还可以告诉我一些实在情形。

我这24小时中只在想自己如何消极到如此田地苦到如此如此，而使我苦得想去死的那个人自己去上海的火车中也苦得要命，已经给我来了两封电报一封信，这不是“人性”的悲剧么?那个人便是说他最不喜管人性的梁二哥!

所谓一念天堂，一念地狱，哪对夫妻不吵架呢？家不是一个讲理的地方，而应该是个宽容错误的地方，应该是个避风的港湾。只要能对家人多份爱心和宽容，那么家庭生活就会多份幸福和美好。

**杨振声小百科**

杨振声（1890～1956），字今甫，亦作金甫，笔名希声，山东蓬莱市水城村人。现代著名教育家、作家，教授，曾任国立青岛大学（今山东大学）校长。与林徽因同为京派代表人物之一。

## 美好的婚姻在于宽容

婚姻是需要奉献的，如果我们能不图回报地付出，希望爱着的人过得好，对他有宽容之心，我们便会发现，我们的生活会有所不同。爱他更要包容他的缺点，允许他有自己的精神空间。没有了心中的不忿，便没有了怨恨的眼神和日复一日的争吵。

### 我们本不同

世间的夫妻，无论贵为王族，还是凡为贫民，有多少人能在婚姻中好好地经历春去秋来，再一起老去？多少个家庭，都是战火纷迭人事纷离；又有多少对夫妻，是貌合神离同床异梦？最后不得不叹息一声：相爱容易相处难！要知道，再登对的夫妻，都有吵嘴的时候，其实，我们和谁结婚，都会出现问题，只是问题的大小不同，但即便是遭遇再大的问题，也仍需宽容。

林徽因有着诗人的气质和脾气，她喜欢在晚上披着月光写诗。着一身白纱睡衣，点一炷清香，采一朵莲花，面对一池荷叶，静思她的诗作。她对这份不带人间烟火气的美丽，也是极为自负的，一次，她戏谑地对梁思成说："如果山中有男子见到，一定会沉醉晕倒。"梁思成也是个妙人，听完顽皮地一笑，故意气她道："我看了就没晕倒。"林徽因于是娇嗔连连，说梁思成太过理智，不懂得欣赏。

从他们这一问一答之间，也可以窥见二人不同的性情。林徽因聪明、美丽、活泼，玲珑而透明；梁思成则沉稳严肃；林徽因是"灵感一来，兴之所至，常常可以不顾其他"；梁思成却喜欢按部就班、有条不紊地做事；林徽因有着文学家式的热情，常常锋芒毕露，总成为众人中心；梁思成则身具更多学者的缜密，幽默而内敛，出言常能恰中主题。这样风格迥异的两种个性生活在一起，自然无可避免地会出现碰撞，而且这种磨合中的苦恼从1924年离家留学美国起就已经有了。

## 高水平的争吵

林徽因和梁思成在起初面对共同的独立生活，各自的棱角都刺到了对方。经过几个月的试探和煎熬后，他们开始试着重新丈量彼此的距离，重新定位他们的感情，也开始直面现实生活的琐碎，就这样，他们开始牺牲自己的部分个性，在极不相同的脾气的条件下相互容忍。但也因为保留了自我，在生活中依然不免发生碰撞；因为能够彼此体谅，又总能安然化解。

两个人之间，梁思成的烦恼是真实的，但他表现出来的包容与爱也是沉稳平和的真实；而林徽因的敏锐细腻使她对寻常争吵都有自怨自伤的苦痛，是互为一体、情深爱笃时的委屈，所以，她说："在夫妇中间为着相爱纠纷自然痛苦。不过那种痛苦也是夹着极端丰富的幸福在内的，冷漠不关心的夫妇结合才是真正的悲剧。"在一段婚姻中，有摩擦并不可怕，可怕的是连吵架都不愿。

对于这对小夫妻之间的这种争执，梁、林两家在经过最初的劝解阶段后，到后来也都习以为常了。《梁启超和他的儿女们》中曾说起当年的一件小事：一次，梁家全家在梁思成家中聚会，大家都在四合院中欣赏花草，突然听到林徽因的声音高了起来，而且语速飞快，梁思成的声音不大，但慢条斯理、时不时地作一次反驳。原来他们是对花草的布局有不同的看法。梁启超的另一位夫人王桂荃便对大家说："这一对爱吵嘴的欢喜冤家，别管他们，一会儿就没事了。"边说边把大家往屋里赶。这种业务上的高水平吵嘴在他们之间经常发生，倒是很少为婆婆妈妈的家庭琐事争吵。他们两人恩恩爱爱一辈子，也这样吵了一辈子。虽然个性和脾气极不相同，各自还有棱角，但他们能相互容忍，磨合成你中有我、我中有你。

美好婚姻的第一个前提便是宽容，好比一扇门，在没有打开之前，又如何能看清门外的那个人呢？如果我们能在遇到争吵或不同意见时退一步，想一下他的好，少说几句责备的话，多一点宽容。你会发现家里充满了温馨，和谐的气氛是那样的美好，你会发现生活有了很大的改变。

**林徽因作品**

仍 然

你舒伸得像一湖水向着晴空里，
白云，又像是一流冷涧，澄清，
许我循着林岸穷究你的泉源：
我却仍然抱着百般的疑心，对你的每一个映影！

## 婚姻是无悔的坚守

也许，我们走进婚姻的理由各有不同。但是，既然走进了，就要坚守。婚姻就像一所房子，也许它不辉煌、不牢固、不理想，但却是自己的房子。

### 当婚姻不再神圣

当婚姻成为一纸契约，但契约可以违反，所以婚姻也可以被践踏，被重新优化和重组。分久必合，合久必分，这句老祖宗在总结历史朝代更迭所留下来的规律，竟在某些时候也成为婚姻的谶言。现在离婚越来越容易了，也正因为如此，懂得坚守婚姻是需要理性、忍让和智慧。

林徽因和梁思成一路逃难到昆明后，这时日军对于昆明的轰炸越来越多，为了躲避战争带来的灾难，他们搬到了更为偏远的地方，昆明12公里外的小村庄龙头村。在林徽因的监工下，他们在这里建造了一个属于她们自己的家。但是，由于物价飞涨，这座房子花了比原来高3倍的钱。所以把他们原就不多的积蓄都耗尽了。

在1939年秋天，梁思成便和刘敦桢、莫宗江、陈明达这些营造学社的同僚们一起，对云南、四川、陕西、西康等省的36个县开始了长达半年的古建筑考察。重新组建的中国营造学社只有梁思成、林徽因、刘敦桢、刘致平、莫宗江和陈明达6人，他们开始对西南地区的古建筑进行考察，继续完成未竟的事业。刘敦桢毕业于日本东京高等工业学校建筑科，回国后曾任苏州工业专门学校教授，1931年入中国营造学社担任文献部主任；刘致平1932年毕业于中央大学建筑系，毕业后到上海华盖建筑事务所工作，1934年来到学社，是梁思成的主要助手；莫宗江和陈明达则是营造学社自己培养的研究人员，也是测绘高手（后来都成为我国著名古建筑学家）。一直到1940年春天梁思成从四川回来以前，这一个简陋的家都是由林徽因独自辛苦支撑。

## 坚守婚姻需要理性和智慧

林徽因在给好友费慰梅的信中说起当时的窘迫：

现在我们已经完全破产，比任何时候都惨。米价已涨到100块钱一袋，我们来的时候才三块四。其他东西的涨幅也差不多。今年我们做的事没有一件轻松。……思成到四川去了已经5个月。我一直病得很厉害，到现在还没有好。

1940年9月，身在美国的好友费慰梅寄来的支票帮了林徽因的大忙，这正好支付了建筑费用。住进新居的林徽因，心情可以说是喜忧参半：在战火纷飞的年代，一家人终于有了一个遮风挡雨的地方，自己也终于有了一个安静生活工作的空间；但是，战争的阴影却仍然笼罩在心头，眼前这一切不知什么时候又成泡影。

生活依然艰难，在这偏僻荒凉的地方，连冷热自来水都没有。所以家里第一样买回的物品是一口近一米高的陶制大水缸，用来储存挑进屋里的水。洗澡、洗衣或洗碗的水都是从水缸里舀出水来转到其他地方使用。烧饭需要在一只三条腿的火盆上动手，这个简陋的灶台不到半米高，且只能支一口锅，烧火用的是煤灰和泥做成的煤球，火必须扇旺到一定程度才能做饭。喝的水也需在这个或另一个炉灶上烧热。在这艰苦的环境中，任何家庭若是有一个大热水瓶来储存热水，就当是家中的宝贝了。除此之外，连买菜买粮都需冒着尘土或泥泞，迢迢跋涉到村里，而且还得天天去，因为没法冷藏存放，当然没有电话或交通工具。待到天黑，点菜籽油灯也是很贵的，所以林徽因一家也只能跟村民一样，天一黑就睡觉。孩子的衣服穿破了或穿不下，也只能改了又改，因为这个时候，一切物资都显得珍贵。而战争、通货膨胀和原始的生活方式，已把梁家彻底地变成了穷人家。

## 高贵的“糟糠”

林徽因虽然是名门闺秀，留洋才女，但长期的野外调查已磨炼出了她坚强的意志和性格，所以她并不娇嫩，她以女性的韧性和坚强坚守着她的婚姻，她的家。然而，在没电、没自来水、没交通工具的乡村，又要工作又要拖儿带女，还是使她备受煎熬，自己有病，梁思成又经常外出，营造学社的日常工作、照顾子女的重担都落在她羸弱的肩上。

这段时期，林徽因生活得很苦很累。她自己形容这段时期里每天的生活：

我是女人，理所当然变成一个纯净的“糟糠”典型，一起床就洒扫、擦地、烹调、教子、洗衣、铺床，每日如在走马灯中过去。然后就跟见了鬼似的，在困难的三餐中间根本没有时间感知任何事物，最后我浑身疼痛着呻吟着上床，我奇怪自己干嘛还活着。这就是一切。

1940年的冬天，林徽因一家又随着在四川南溪县驻守的营造学社一起，经曲靖、六盘水，过叙永直下泸州，在离宜宾60华里的南溪县李庄镇上坝村安营扎寨。

上坝村依然没有自来水和电灯，煤油灯也要节约使用，夜间读书写字仍然很奢侈。林徽因一家租用了两间低矮的陋室，墙就是竹篾上抹了一层泥巴，很多地方都可透风。屋里出现蛇虫鼠蚁很正常，吃水用水要到村边水塘去挑。

他们在这里一待就是整整生活了6年，生活条件比在昆明时更差了。这是贫穷与疾病交困的6年、与世隔绝的6年。李庄的贫困生活和潮湿气候，让林徽因的肺病越来越严重，但是整个李庄没有一所医院、一名正式的医生，唯一的一支体温计被儿子打破后，林徽因竟有大半年无法测量体温。身体消瘦得厉害，她大部分时间只能卧床不起。偶尔有朋友从重庆或昆明带来一小罐奶粉，对她就算是难得的高级营养品了。

婚姻的真谛是什么？不单是有条件时的花前月下，也是没条件时的无悔坚守。婚姻是一场对感情的经营，也是一场谁也输不起的战争。在更多的时候，婚姻是一场坚守。坚守爱情，坚守婚姻，是一种责任，也是一种态度。也许，我们努力地活着，学会善待别人，善待感情，这就是我们唯一可以并且应该坚守的东西。

**林徽因作品**

忆

新年等在窗外，一缕香，
枝上刚放出一半朵红。
心在转，你曾说过的几句话，
白鸽似的盘旋。

Part 9

# 家人是我人间的四月天——像林徽因一样爱自己家人

## 假如你有一个不完美的妈妈

我们一生中会经历许多的事，遇到许多的人，随着时间的流逝我们也许会忘记。但有一个人，永远驻扎在我们的心灵深处，永远不会忘记，她就是——母亲。

### 我的父亲母亲

林徽因出生在一个书香门第，父亲林长民是民国初年闻名士林的书生逸士，既受过传统的私塾洗礼，也曾留洋海外，接受过早期的西学教育。他善诗文，工书法，才华超群，儒雅风流，是小小的林徽因心中的一座大山，和许多小女孩一样，她敬爱并且崇拜她的父亲。可以说在一定程度上，她的才情、禀赋乃至个性，都源自于父亲。

上苍总是公平的，既然给了她一个十分优秀的父亲，也许是为了平衡，就为她安排一个平凡得不能再平凡的母亲。林徽因的母亲何雪媛是典型的旧社会女性，没有受过教育，思想守旧。

## 不完美的妈妈

母亲何氏属于典型的小家碧玉，她来自浙江小城嘉兴，其父开了个小作坊，家庭殷实。她14岁嫁入林府为继室，但由于林长民的原配早逝，又没有留下一子半女，她的地位实际上与原配无异。

何氏在兄弟姐妹中排行最小，备受宠爱，也有着此类女孩子常有的小任性。她没有读过什么书，既不会女红，脾气也不讨喜。很快她就发现，她与林家的每个人都是那样格格不入，从小生长在商人家庭的她不懂琴棋书画，公公和丈夫满腹经纶，就是婆婆、大姑子、小姑子，也是上得厅堂，下得厨房，入得书房，他们一家子讲历史典故、吟诗作对、针砭时弊，激扬文字，可是她完全不懂，就像两个世界的人。她茫然地看着这一家子，他们最初也试图和她沟通，但是很快发现这是徒劳的，思想和文化上的差距带来的巨大鸿沟根本就无法填平，再加上她又不善操持家务，在林家彻底地沦为了一个“闲人”，于是他们不再与她说话。

她为林长民生下长女林徽因以后，还生过一男一女，但两个孩子都先后夭折。林长民这一脉难免有断后之忧，由此在公婆处引起的那份不满同样不言而喻。而丈夫总是在忙着他的事，回家的次数也越来越少。

到林徽因9岁的时候，林长民带回了一个上海女子，林徽因叫她二娘。二娘也没有什么文化，但胜在性情乖巧，又为林家添了几个男孩，地位自不可同日而语。而何氏就更受冷落，二娘和弟妹们住在前面的大院，年幼的林徽因随母亲住在冷清的后院，父亲回家后，总是待在前院。母亲实际过着与丈夫分居的孤单生活，脾气也越来越坏。只要林徽因一去前院，回来就会听到母亲的数落。她数落前院，抱怨父亲，她边数落边哭。幼小的林徽因不明白母亲的苦闷和暴躁，却常常为此感到悲伤和困惑。她的儿子梁从诫在忆念母亲的文章《倏忽人间四月天》中说林徽因："她爱父亲，却恨他对自己母亲的无情；她爱自己的母亲，却又恨她不争气；她以长姊真挚的感情，爱着几个异母的弟妹，然而，那个半封建家庭中扭曲了的人际关系却在精神上深深地伤害过她。"

即使是父亲去世多年，母亲在性格上的短处带给林徽因的烦恼也仍然存在。和中国许多女性一样，何氏将自己对丈夫和姨太太的怨恨都迁怒到姨太太的子女身上。

1937年4月18日，林徽因在《大公报》文艺副刊上发表了一篇题为《绣绣〈模影零篇四〉》的小说。小说写到一对母女，那母亲懦弱无能、狭隘多病，父亲续娶又有了孩子，乖巧俊秀的女孩儿绣绣整日在父母亲无穷无尽的争执吵闹之中挣扎，在没有温情、没有爱怜、只有矛盾和仇恨的亲人之间痛苦为难，渐渐因病而死去。从这篇小说中所影射出的家庭问题，不难看出林徽因对她母亲的复杂情感。

## 爱自己的母亲是一种责任

虽然何氏有着种种性格上的缺陷，但林徽因依然爱她的母亲。父亲过世后，母亲就剩林徽因这么一个亲人，她便将母亲接到身边，一直在一起生活，哪怕她后来结婚生子有了自己的家庭。

有句成语叫“乌鸦反哺”，这里说的其实是自然界的一种生理现象。当乌鸦老到不能觅食的时候，它的子女就会到外面寻找食物衔回来嘴对嘴地喂给老乌鸦，日复一日，一直到老乌鸦死去。

俗话说：身体发肤，受之父母。母亲给了我们生命，哺育我们长大，教育我们成人。在我们小的时候，她把我们照顾得无微不至，为我们遮风挡雨；等到我们大了，她也老了。也许她并不完美，她总是唠叨训斥我们，时光开始在她脸上留下痕迹，她不再年轻漂亮，也许她的那些道理我们并不赞同，也许她充满了缺陷……但我们依然要爱，且深爱她，这个带给我们全世界的人。就像林徽因一样，理解她的寂寞，容忍她的坏脾气。让我们多给母亲一点爱与关怀，哪怕是来自远方的一句亲切问候，哪怕是疲倦时的一杯清茶，让她能感受到儿女的关心。乌鸦尚且反哺，何况人乎?

**何雪媛小百科**

何雪媛（1882～1972），浙江嘉兴人，林长民第二夫人，林徽因生母。1925年丈夫林长民去世后和女儿林徽因生活，林徽因过世后，她随自己的女婿梁思成生活，20世纪70年代，梁思成又先她而去，何氏又随梁的后妻林洙生活半年。1972年去世，当时已是90岁高龄。

## 做父亲的"贴心小棉袄"

女孩就像一朵朵花儿，或美丽，或娇弱，或妩媚，或敏感，或细腻，每个人各具魅力，也许是天性使然，女孩温柔体贴，所以父女关系往往要比父子关系更加容易相处，相对于男孩内敛的情感，父亲们似乎更能读懂女儿的眼神和情绪。

### 才子父亲

6月的杭州，暖风挟裹着燥热，湿润的空气中到处是栀子花的香味。1904年的这月，陆官巷内，28岁的林长民迎来了他的第一个孩子，也是他最钟爱的孩子——林徽因。大凡作家，尤其是女作家，多是继承母亲的禀赋，而林徽因却受父亲的影响尤其深远。知林徽因是才女，亦当知其父为才子。

在民国初年林长民是一个大人物、热点人物。他与梁启超一起活跃在近代政界，当过段祺瑞政府议会秘书长，又做过3个月的司法总长，在任时因拒绝收取涉案人军阀张镇芳10万元贿款而名噪一时，他也拒收过曹锟贿选总统的酬谢5千元，坚持投出自己的一张选票。他热衷倡导宪政，搬西方议会制于中国。后来他转于外交。

此外，林长民还能文善书，尤以书法见长，中南海新华门匾额就是他的手迹。他的字，于秀雅之中显出遒劲浑厚，随意而洒脱，如行云流水，疏朗中透着凝练，散淡而不失法度。

这样优秀的一个父亲，对于他的子女来说，也不知是幸还是不幸。他的出色，似乎注定了他不会有太多的儿女情长，不会太关注那些家长里短，即使这是他家人需要的。在徽因出生时，他正忙着用笔杆子为他的政治理想摇旗呐喊，和志同道合的诗友唱和，和热血沸腾的宪政名士来往，《译林》月刊在他们的努力下出版；而在这前一年，他翻译的《西方东侵史》一书也已经面世。

对小徽因来说，父亲仿佛总是有忙不完的事情，用不完的精力，他不常在家。但是回到家里，他真的是一个好父亲，他会亲切地抚摸她的头，家里哪个孩子哭了，他都会蹲下身来，为孩子擦干眼泪，并讲一些吸引人的故事或者笑话。他心性开朗，特别爱跟孩子在一起。无论是他自己的孩子，还是姑妈家的表弟表姐们，都没少享受到这位舅舅的关爱。

## 父亲是一封封寄回来的信

年幼的孩子对父亲总是倾慕的，总是觉得父亲很了得，什么都会弄，什么都懂。林徽因也因着这种仰慕，将父亲对文学的热爱继承下来。徽因读书早，加上天资聪慧，很小她就能够识文断字，在徽因幼年的记忆里，父亲就是那个成年不在家的人，她6岁时便已经开始为祖父代笔给父亲写家信。

所有人都知道，林长民爱孩子，但最喜爱的还是大小姐林徽因。不但因为她天资聪颖，读书好，还在于她过早地读懂了家里的人情世故，能妥善处理家里复杂的人际关系，让父亲省心不少，她在父亲眼里是“驯良、知道理”的。徽因从小就懂得照顾异母的弟妹，尊重二娘程桂林（林长民的小妾，上海人，在林徽因9岁时进门），平衡自己母亲和二娘之间不算和谐的关系。

父亲对林徽因的爱，固然有着她是个懂事孩子的原因，但更重要的，也许是她的文化素养吧。从本质上来说，林长民是一个文人，在家里，他也希望有个人能倾听他文人的花间闲情、济世壮志，但很不幸的，他的妻妾却都是文盲，她们的见识有限，对于他的世界完全不明白。在交流的时候，他也必须努力使用最简单、直白的语言，才能让他的女人听懂，在这个家里，他的内心其实是寂寥的。所幸，这个由祖父祖母一手调教出来的长女慢慢长大，可以和他自如地对话，有可能懂得他，这也让他不知不觉把她当成唯一的同类。

很多时候，他甚至忘了她只是一个小女孩，书信往来之中，对她倾吐心声，谈论他的大事。这在他写给徽因的一封信中可以窥见一二：

徽儿：

本日寄一书当已到。我终日在家理医药，亦藉此偷闲也。天下事，玄黄未定，我又何去何从？念汝读书正是及时。蹉跎悮了，亦爹爹之过。二娘病好，我当到津一作计□。春深风候正暖，庭花丁香开过，牡丹本亦有两三葩向人作态，惜儿未来耳。葛雷武女儿前在六国饭店与汝见后时时念汝，昨归国我饯其父母，对我依依，为汝留□，并以相告家事。儿当学理，勿尽作孩子气，千万□□。

桂室老人五月五日

对林长民而言，林徽因的身份是多样的，她是父亲最宠爱的女儿，也是他的知音和朋友。很多人都说，女儿是父亲的贴心小棉袄。确实是这样，和父子间的感情相比，父女间的感情往往更细腻，更委婉，也更微妙……

也许我们也不能做到像林徽因一样优秀，能让自己在学问和认识上达到和父亲一样的高度，甚至赢得父亲的尊重。但是作为女儿，一定要学会林徽因身上的一个优点，那就是心思细密，要听懂父亲这个大男人的话外音，做一个和林徽因一样的好女儿。

**林长民小百科**

林长民（1876～1925），汉族，福建闽侯（今福州）人。幼名则泽，字宗孟，自称苣苳、苣苳子、又号桂林一枝室主，晚年号双栝庐主人。清末民初政治家、外交家、教育家、书法家。研究系领导人之一。林长民有三房妻妾，原配早逝且未留下子嗣，故娶第二房，即林徽因生母，后因关系并不和睦，又娶了第三房。

## 孝顺老人要趁早

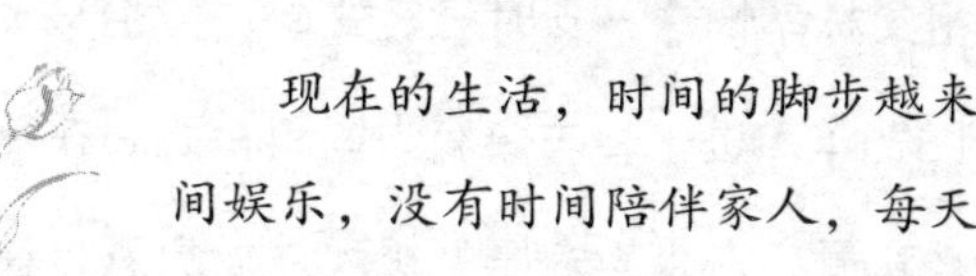

现在的生活，时间的脚步越来越急促，忙得我们没有时间娱乐，没有时间陪伴家人，每天只有数不完的工作和家务活。等到终于有时间了，才发现时光已老，难怪有人说，人生第一件不能等的事情就是孝顺老人。

## 孝顺老人要趁早

孝是中华民族的传统美德，自古就有“百善孝为先，孝为德之本”的说法。几千年来，中华民族都以孝治天下，并形成了中华民族伦理观念和道德品质的精华部分。然而，在现代，几千年传承的孝的美德，在年轻一代身上逐渐弱化、异化，生活中随处可见“小皇帝”“小祖宗”。

林徽因非常孝顺，不单单是对自己的父母，更为难得的是，她在很小的时候就懂得孝顺自己的祖父母。而她祖母过世的时候她才6岁，祖父过世时她10岁，年幼的徽因享受着祖父母的关心呵护，她也乖巧懂事，为祖父母带来许多欢乐。我们的爷爷、奶奶、外公、外婆不一定能陪伴我们很长时间，所以，不要等到他们老了才去孝顺，孝顺他们要趁早。

## 爷爷奶奶的解语花

林家本是望族，但到祖父林孝恂这一支时已经式微，但祖父勤奋好学，考上光绪己丑年（1889年）进士，与康有为同科，之后在翰林院担任编修。他并没有什么背景，在京为官压力极大，便故意在翰林院年度甄别考试当中写错一个字，外放到地方为官。他先后担任了金华、海宁等地的地方官员，后来又到杭州担任知府。祖母游氏也是出自书香门第，会书画，也善女工，将整个林府管得井井有条。

父亲林长民是他们的长子，林徽因则是他们长子的第一个孩子。大多数家长对第一个孩子总是偏爱的，祖父和祖母对于孩子的到来喜不自禁，尽管是一个女孩。

虽然满腹经纶，但祖父仍然很谨慎地给她取名，《诗经·大雅·思齐》有诗云："思齐大任，文王之母。思媚周姜，京室之妇。大姒嗣徽音，则百斯男。"于是便以"徽音"为名！

这首诗赞美了三位女性，即"周室三母"：文王祖母周姜(太姜)、文王生母大任(太任)和文王妻子大姒(太姒)。她们都是贤淑端庄的女子，祖父在她的名字中，也寄寓了无限的含义与期望，而这女孩后来也果然如他所期许的一般贤良淑德，甚至超出了他的期许，她做的不仅仅是相夫教子的事情，还依靠自己的努力在男性的领域中博得了一席之地。

改名为徽因是后来的事情。20世纪30年代初，她经常有作品见诸报刊，而另一位叫林微音的男作者也经常有诗见报，报纸杂志在刊发他们的作品时，常把两人的名字搞混。《诗刊》为此还专门发过更正声明。于是，林徽音便干脆将名字改名为林徽因。她风趣地说："我倒不怕别人把我的作品当成了他的作品，我只怕别人把他的作品当成了我的。"

在幼小的林徽因心目中，祖父母是她的整个天地，他们给了她足够的宠爱、欢笑，也给了她无尽的满足，他们符合一个孩童对"家"的全部渴望和要求。在她的眼中，祖父是无所不能的，他能和一些体面儒雅的来客谈笑，也能给孩子们讲有意思的诗文和故事；祖母是神奇的，她优雅地游走在宅院里，有条不紊地指挥着丫鬟仆妇们浇花、打扫、烹调，也能像变戏法一样，在枕头、被子、衣服上面变出美丽的图案，有时她也会一起写诗和写字。

也许是因为对祖父母的孺慕之情，林徽因从小就非常的乖巧懂事，让两位老人享受到了天伦之乐。而且，在祖父病卧在床期间，她开始代笔给远在日本进修的父亲写信，在保存下来的一批父亲给她的回信中，最早的一封是她7岁时写的。

徽儿：

知悉得汝两信，我心甚喜。儿读书进益，又驯良，知道理，我尤爱汝。闻娘娘往嘉兴，现已归否？趾趾闻甚可爱，尚有闹癖（脾）气否？望告我。祖父日来安好否？汝要好好讨老人欢喜。兹寄甜真酥糕一筒赏汝。我本期不及作长书，汝可禀告祖父母，我都安好。

父长民三月廿日

六七岁的孩童，还在撒娇、要糖吃的年龄，就已经懂得怎样用自己的聪慧博取老人的欢心，也是因为她这种没有心机的童真，令两位老人在晚年过得并不寂寞。相对于现在，我们身边涌现的无数将爷爷奶奶使唤得团团转的“小皇帝”“小公主”们，林徽因这个伶俐可爱的小女孩，怎不让人心疼和喜爱，无怪乎她能令她的长辈们交口称赞、欢喜不已。

## 父母的父母也要我们孝顺

曾有一篇报道在社会上引起轰动：十岁男孩令自己六七十岁的爷爷当街给他系鞋带，理直气壮地说："给我系上。"自己手上却一直玩着游戏机。老人迟疑了下，他还催促说："系上。"他就这样坦然地伸着脚，目光却一刻也没有从手中的玩具中离开过……

这篇报道出来后，舆论一片哗然，更有人说：现在的孩子大多都这样。当然，随着医疗条件的提高，现在人们的寿命普遍增长，我们的祖父母能够陪伴我们更长的时间，但那也只是我们生命中的一小段而已。我们的人生才刚刚开始，他们的生命却渐渐枯萎，这是自然法则，谁也无法改变，但我们可以让他们陪伴我们的这段时光变得更加充实快乐。

有人曾对中国农村养老情况进行调查发现，精神状态好的老人仅占8%，22%的老人以看电视或聊天为唯一的精神文化生活。全国出现大量的"空巢老人"，他们孤独地守着空荡荡的家。

孝顺老人，并不仅仅是我们父母的事，也与我们有关；也不仅仅是给他们金钱就足够，更重要的是要给他们足够的关心呵护；更不仅仅是在他们死后将他们风光大葬，而是要趁他们都还在，及时尽孝。常言道：百善孝为先。孝顺老人，就应该在满足他们物质需要的同时，更关注他们的精神需求，多陪伴他们，和他们多沟通沟通。林徽因祖母去世时，她才6岁，祖父去世时她10岁，但正因有她这朵小小"解语花"的陪伴，老人的晚年也算安详。林徽因如此年幼尚且如此懂事，难道我们竟不如一个幼稚孩童？

**林孝恂小百科**

林孝恂（？～1914），字伯颖。晚清官员，福建闽县人。曾担任翰林院编修，历任金华、石门、仁和、孝丰知县和海宁知州。在任期间，他创办了养正书塾、蚕桑职业学堂，是清朝末年创办新学的先驱之一。民国初年移居北京，病卒。

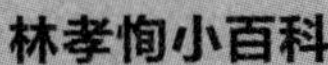

## 无法选择家人，但可以选择去爱

亲情的力量能够跨越时间而存在，终其一生温暖着我们的心灵。无论你长多大，离多远，都一定要记住关爱自己的家人，因为他们是你永远的庇护者，永远都站在你的身后不远的地方，关注你的每一次成功与失败。你无法选择自己的家人，但可以选择去爱。

### 我的兄弟姐妹

林徽因被称为民国时期的完美女人，不仅仅是因为她是美女又是才女，也不仅仅因为她既温柔又独立，还因为她能扮演好自己人生中的每一个角色，她是个好妻子、好女儿、好母亲，更是个好姐姐。做个好姐姐，也是一种孝。

林徽因是家中长女，也许是因为祖父母的熏陶，也许是因为大姑母为她启蒙时的悉心教导，也许是因为她本身温柔善良，即使弟弟妹妹都是二娘所出，但她都能很好地和他们相处，照顾他们。好像具有林家血统的人，都是那样温文可亲，不分彼此地相亲相爱。

和许多封建时期的家庭一样，母亲和二娘永远都是相互看不顺眼的，甚至母亲对二娘家的孩子也是带着怨恨的，但不同的是，也许是血浓于水，又或者是她所受的教育，总之，不管母亲怎么讨厌二娘，编排前院的孩子的不是，但这并没有影响林徽因对弟弟妹妹的喜爱。在她的认识中，他们是双眼无辜的婴儿，是粉妆玉砌的小可爱，是她的弟弟和妹妹，他们身上流着同样的血液，都是林家的孩子，是一家人。她是他们的姐姐，她要爱他们，照顾他们。她确实也是这样做的。

林徽因10岁，妹妹林燕玉出生；11岁，大弟林桓出生；12岁，二弟林恒出生，他们都是二娘的孩子。家里一下多了三个婴儿，开始变得喧闹嘈杂。这个夏天，父亲因为工作关系住在北京，家人都安置在天津。不巧的是，二娘病了，却因为对医院本能的恐惧而不愿意住院，父亲在北京干着急，那时候的交通还没有今天这么发达，一个来回得耽误不少工夫，于是他只好要大女儿每天写信报告情况。小婴儿总是脆弱的，过了几天，不到一岁的弟弟林桓也病了，好在，小孩的病来得快去得也快，没几天就好了，只是病愈的林桓更加爱哭，在深夜里，这哭声无异于魔音穿耳。两岁的妹妹正睡得香，一被吵醒，也开始哇哇大哭。这小小的院落，哭声此起彼伏，不得安宁。

正在病中的二娘唉声叹气，也有心无力，母亲是压根不想管，索性装睡，保姆却在这时酣然入睡。12岁的孩子正是贪睡的年龄，林徽因在床上辗转反侧，希望保姆能够哄弟妹入睡，但时间过去好一会儿，也不见保姆有什么动静，她只好下床披衣，抱着弟弟林桓在走廊里转悠，边晃边轻轻拍打他，哼着小曲儿哄他，小家伙儿似乎很喜欢在这样温暖的怀抱中摇晃，过了一个多小时才舒舒服服地睡去。

第二天一大早，晚上的事情就在林府中传开了，府中的下人无不称赞大小姐宅心仁厚。事实上，当时还是少女的林徽因不仅仁厚，也十分能干。在她6岁和10岁的时候，林府的主心骨，也就是她的奶奶和爷爷相继过世，她父亲又常年在外为自己的政治理想奔波，母亲几乎不管事，而二娘又弱不禁风，因此，和父亲书信往来、伺候两位母亲、照应几个幼儿，乃至搬家打点行李，这些大小事情都是她这十一二岁的小女孩承担起来了。十一二岁，还是我们现在的孩子上小学六年级的年龄，都说穷人的孩子早当家，她这富裕人家的大小姐也是家里的一把好手。

对于她与二娘的孩子这般亲近，母亲是不能理解的，便找上门来，劈头就问："你真把自己当成她的女儿了？"林徽因也不怒恼，只是平静地说："姆妈，我是他们的亲姐姐。"

林徽因常去看望病中的二娘，二娘有感于她对自己母子的照顾，说道："徽徽，乖女儿……"，林徽因仍然平静地说："二娘，我是他们的亲姐姐。"

是的，她是他们的姐姐，身为姐姐，比弟弟妹妹年长，就应友爱年龄小的弟弟妹妹，不能欺负、打骂他们，甚至抢夺他们玩具之类的东西。也因为她是他们的姐姐，在父亲去世后她一直尽自己所能照顾几个弟妹，从未忘记自己的责任。

## 家有千千结

林徽因一直在维系着自己家那个大家庭的和谐关系，但是总夹在母亲与其他人的矛盾之中。

林徽因的母亲出身于小商户人家，又由于自小在家里被宠着惯着，既不懂女工也不懂操持家务，嫁入林府后自然不为婆婆所喜；丈夫林长民常年在外，他的那些政治抱负、文采风流又不是她能够理解的，加上她并不是那种能够委曲求全的人，所以，她既得不到丈夫的疼爱，也得不到婆婆的欢心。

原本，长女林徽因的出世能给她带来一些安慰，但祖父祖母对这个什么事都不能做好无法融入家族的儿媳妇显然是不放心的，所以他们选择了亲自抚养孙女。祖父祖母给了林徽因无微不至的关怀和爱，也让她的母亲在这个家里更加被孤立。在小徽因的印象中，母亲是善变的，当她微笑，把小徽因紧紧地搂在怀里或者高高地举在头顶的时候，林徽因觉得这个年轻的女人是美丽和温暖的。但是，当她眉头紧锁、泪水涟涟时，小徽因觉得整个世界都开始变得压抑，她小小的心里本能地想要逃离这个地方，逃离这个女人。有时候，这个女人会没有来由地用冷冷的、失望的目光看着小徽因，让小徽因觉得四周的空气都非常寒冷；有时候，这个女人又会像着火了一样，怒气冲冲地大吼大叫：“你为什么离我那么远？你为什么不走过来？”在母亲身边，小徽因永远战战兢兢的，她的情绪转换之快，总是轻而易举、毫无预兆，让林徽因防不胜防。

稍大一些，父亲又带回了一个女人，而母亲也变得更加阴冷和反复。父亲把这个后来的女人安置在前院，林徽因和母亲住在后院。对于这个突然出现的竞争者，母亲是充满敌意的，她分走了自己原本就不多的丈夫的宠爱，甚至来抢夺自己唯一的女儿。林徽因只要一去前院，回来就会听到母亲的数落。她数落前院，抱怨父亲。她边数落边哭，哭自己命苦，哭死去的温顺的小女儿。

林徽因无疑是家里最受宠的孩子，即便是后来几个弟妹相继出生她也仍然是。祖父祖母先后过世，母亲与二娘、与父亲的矛盾开始表面化，作为两边都喜爱的孩子，她成了一切矛盾的平衡点。

两个母亲都爱林徽因，多少还带着竞争的意思。母亲只有林徽因这根唯一的救命稻草，因为这个女儿的存在，她才能真切地感觉到，自己是林家的一分子，是林家的女主人。如果没有这个出色的女儿，她相信，林长民不会再找她。母亲爱儿女是天性，这个天性若带上一点点功利，她对林徽因的爱就加了倍，占有欲也加了倍。

二娘爱林徽因，开始是不得已，因为她是丈夫最宠爱的女儿，在丈夫心目中的地位独一无二。后来，由于这个孩子的乖巧、漂亮，这种爱变得更自然，这确实是一个谁见了都爱的孩子，但是，二娘的爱始终是有一层隔阂的，她再怎么由衷地爱林徽因，因为那常年和她母亲无硝烟的战争，总是不免要打折的。

弟弟妹妹们就更不用说了，他们喜欢这个漂亮的小姐姐温柔地抱着他们、牵着他们的小手，在院子里捉迷藏，她漂亮又有趣，孩子们有时候就像她的小尾巴一样跟着她。

父亲、母亲、二娘、弟弟妹妹们，他们都喜欢她、信任她、依赖她。但是，处在爱的旋涡中，这并不是一件幸运的事情。因为，这些爱她的人，并不能彼此相亲相爱。父亲和母亲之间的冷漠，母亲和二娘的明争暗斗，母亲对二娘的孩子们的厌恶，孩子们无辜的眼神……他们并不会针对她、伤害她，也因为她的存在，保持着最起码的和谐，虽不能相亲相爱，但至少不用相离。

林徽因努力地与父亲保持一致，她聪慧伶俐，爱父亲所爱的所有，包括文学，包括这个家。也因为这个让人无法割舍、疼到心坎儿里的女儿，父亲终究无法舍弃母亲。

母亲不管家事，二娘又是连续生了好几个弟妹，幼小的婴儿都需要照顾，家里有两个女主人，但有许多事却都力不从心，因此，很多事都由林徽因操持，这也让二娘对她更加喜爱。很多时候，二娘和母亲的矛盾就这样被林徽因淡淡地压了下去。

俗话说："家和才能万事兴。"人体最小的组成部分是细胞，国家最小的组成部分是家庭。如果细胞产生了癌变，会危及人的生命；若一个国家有很多的家庭败坏了伦理，则有可能导致国家的危亡。家人之间的矛盾一般都不是什么原则问题，真正在家庭中的大是大非问题上不一定会有什么矛盾。我们要像林徽因一样，对家人要多一些理解，少一些怨恨；多一些感恩，少一些指责，我们的日子就会过得舒坦许多。谁也无法选择家人，但可以选择去爱他们。

**梁启超小百科**

梁启超（1873～1929），梁思成父亲、林徽因的公公。字卓如，一字任甫，号任公、饮冰子，别署饮冰室主人，广东新会人。近代思想家、文学家、学者。中国近代维新派代表人物，近代中国的思想启蒙者，民初清华大学国学院四大教授之一、著名新闻报刊活动家。

## 爱孩子就不要绑着他长大

高尔基说："爱孩子，这是连母鸡都会的，但教育好孩子却是一门艺术。"孩子是父母的爱情结晶，爱孩子是天性使然，为了孩子的健康成长，父母也应该给予孩子充分的爱，但爱他不能太过，过度的溺爱，就和放任一样，对孩子的成长都是有害的。

### 你是人间的四月天

生活在民国时期的林徽因在对待孩子的问题上，和她父亲一样开明，她极为注重孩子的教育却从不捆绑着教育，受过西方文化熏陶的她，表现出了她对自己孩子平等的尊重，他们是母子和母女，也是师徒和朋友。

林徽因的长女梁再冰于1929年8月在沈阳出生。但这之后不久，林徽因就因肺病回到北京香山修养。初为人母的快乐，使她内心充满了喜悦和温情，也激起了她写诗的灵感，她在这期间发表了许多诗作。1932年，儿子梁从诫出世，母爱弥漫的林徽因怀着喜悦的心情，为儿子写下《你是人间的四月天》，这首诗也成为经典。

我说你是人间的四月天；
笑响点亮了四面风；轻灵
在春的光艳中交舞着变。
你是四月早天里的云烟，
黄昏吹着风的软，星子在
无意中闪，细雨点洒在花前。
那轻，那娉婷，你是，鲜妍。
百花的冠冕你戴着，你是
天真，庄严，你是夜夜的月圆。
雪化后那片鹅黄，你像；新鲜
初放芽的绿，你是；柔嫩喜悦
水光浮动着你梦期待中白莲。
你是一树一树的花开，是燕
在梁间呢喃，
——你是爱，是暖，
是希望，
你是人间的四月天！

诗人的感情总是饱满的，但她的爱却是温柔且含蓄的。虽然身在乱世，但她却给了孩子最好的教育。她把孩子当成一个完整的个体，去尊重，去爱。

住在北平东城北总布胡同的时候，林徽因与亲友在这四合院里高谈阔论，谈论诗文，从不避讳自己的孩子，让孩子们也享受到良好的熏陶。卢沟桥事变后，林徽因一家也在战乱中颠沛流离，从北京南下到长沙，又辗转到了昆明。当时梁从诫才八九岁，林徽因便经常给他们朗诵她喜欢的文章，教《唐雎不辱使命》时，她读给两个孩子听。将一篇晦涩的古文，读得绘声绘色，使英雄胆气的唐雎、前倨而后恭的秦王在孩子们的印象中栩栩如生，听来简直似一场电影。

在昆明待了三年，他们又来到四川宜宾附近的一个小村，李庄。这时她卧病在床，但她在病榻上读了大量的书，其中包括了许多俄罗斯作家的作品。她非常喜欢屠格涅夫的《猎人日记》，并要求15岁的女儿梁再冰和12岁的儿子梁从诫也当功课去读，还要他们一句句地去体味屠格涅夫对自然景色的描写；她也教他们她自己新看的英文书《米开朗琪罗传》，两个孩子不懂英文，看不懂原著，她就朗读并讲解给他们听，给他们详细动情地讲述了米开朗琪罗为圣彼得教堂穹顶作画时的艰辛。

## 榜样是给孩子最好的礼物

1937年，林徽因写信给女儿，说：“现在我要告诉你，这一次日本人同我们闹什么。你知道他们老要我们的‘华北’地方，这一次又是为了一点小事，就大出兵来打我们。我们希望不打仗事情就可以

受过西方文化熏陶的林徽因，表现出了她对自己孩子平等的尊重，他们是母子和母女，也是师徒和朋友。

完，但是如果日本人要来占领北平，我们都愿意打仗，那时候，你就跟着大姑姑那边，我们就守在北平，等到打胜了仗再说。我觉得现在我们做中国人，应该要顶勇敢，什么都不怕，什么都顶有决心才好。”

“你作为一个小孩，现在顶要紧的是身体要好，读书要好，别的不用管。现在既然在海边，就痛痛快快地玩。你知道你妈妈同爹爹都顶平安的，在北平不怕打仗，更不怕日本。”

字里行间，颇有些“生当作人杰，死亦为鬼雄”的英雄气概，透着一代才女的铮铮傲骨，她这是在帮助自己的孩子树立正确的价值观，并给予其鼓励，明白生命中的重点是什么。

在最难熬的那段日子里，林徽因用自己的实际行动使整个家充满欢声笑语，其乐融融。虽然日子穷苦，但是却别有一番情调。梁再冰回忆说：“当时我就感觉那个房子特别温馨，舒服极了，那个时候我是不太注意这些事，什么建筑、装修，但是觉得我妈真神，怎么一下子就把一个破房子搞得这么舒服，这么可爱。”

儿子梁从诫回忆道：“在这间可爱的小小起居室里，妈妈在煤油灯下为我们讲解庄子《解牛篇》《唐雎不辱使命》，教我们读了很多李白、杜甫的诗。特别是杜甫在四川写的诗，感到很接近……妈妈经常带我们去附近的瓦窑村，她对师傅手下瞬间出现的美妙造型总是赞不绝口，大呼小叫地要师傅‘快停！快停！’但老师傅根本不睬这个疯疯癫癫的外省女人……”

林徽因的乐观在生活困顿时期给孩子带去了希望，成了孩子心中永恒的太阳。

## 不要代替孩子做任何事情

很多人都羡慕梁再冰和梁从诫，因为他们有一位这样的母亲，虽然她几乎从不给孩子们讲小白兔、大灰狼之类的故事，她给他们买大量的书要他们自己去读，同时也以她自己的作品和对文学的理解来代替稚气的童话，就像对成年人一样地来陶冶孩子幼小的心灵。她用对成年人的平等友谊代替了对孩子的抚爱，这种灵魂上的对等与尊重也令两个孩子没有束缚地长大，在人格和心灵上成长得更加完善。

梁再冰曾写过这样一篇日记：

下午妈躺在外面晒太阳，样子很快活，她问我‘功课完了没有’，我说‘完了’。其实我只做了日记，其他什么也没做。她平常很少问我功课，因为她信任我。我却利用她（的信任）来骗她，唉，我真不该！我想去做功课但《七侠五义》迷住了我，我想收心，但收不回……当时我妈大概希望我能够主动给她当个小帮手，帮她一点忙，我就老爱看书，爱看小说。

当时梁再冰整日里看小说，于是林徽因画了一幅图送给女儿。图上是一只憨态可掬的大肚子袋鼠手捧一本小说在看，肚子里斜插着另一本书，地上还散落着一些小说。

在袋鼠图像旁边的空白处，林徽因题道：“鼓励你读书的妈妈，很不希望这个可敬的袋鼠，成了你将来的写照。喜欢读书的你必须记着，同这漫画隔个相当的距离。否则……最低限度，我一定不会有一个女婿的。——你的妈妈在病中”。

林徽因就是用这种委婉而富有情趣的方式来劝诫女儿的，所谓“寓教于乐”，便是如此了。

在《我的妈妈林徽因》一书中，梁再冰写了这样一段话：

我的妈妈是一个不大寻常的母亲。像所有的妈妈一样，她爱自己的女儿，但她给我的爱可能比一个普通的妈妈更多、更深；她是我的第一个老师，领着我从少不更事走到长大成人，但她以自己的文化修养和学识留给我的精神财富，远比其他任何老师留给我的要丰富、持久；她也是我的朋友，是我最早和最特殊的朋友，同其他朋友相比，她是一个更能给我以支持、启发和鼓励的朋友。

当75岁的梁再冰回忆起自己的妈妈，依然忍不住在清华大学的礼堂里几度哽咽难言，一个女儿数十年的思念，任是铁石心肠也动容。在她的眼中，一切轶事传闻都是没有意义的。

妈妈就是妈妈，永远的妈妈。

爱孩子就不要绑着他长大，这个道理林徽因在半个多世纪以前就懂了，难道我们现在还不明白吗？放手让孩子们做他们自己能解决的事情，不要小看他们，要懂得尊重他们。

**林徽因的兄弟姐妹小百科**

林徽因的母亲何氏曾生过一弟一妹，但都早夭，其他兄弟姐妹都是二娘程氏所生，一女四男，分别是林燕玉、林桓、林恒、林暄、林垣。其中，林徽因和三弟林恒的感情尤为要好，他去考清华时还曾借住林徽因在北平的家中，这也让她的母亲很不高兴。但是林恒不久死于空战，林徽因非常悲痛，曾为他写诗《哭三弟恒》。

附录

# 林徽因大事年表

**1904年 1岁**

6月10日，林徽因生于浙江杭州陆官巷住宅。

**1909年 5岁**

迁居蔡官巷一宅院，林徽因随祖父母、姑母等居此，由大姑母林泽民发蒙读书。

**1910年 6岁**

林长民毕业于早稻田大学，善诗文、工书法，回国后与同学刘崇佑创办福州私立法政学堂，并任校长。

**1911年 7岁**

祖母游氏因心脏病逝世于杭州。 武昌起义后，林长民赴上海、南京、北京等地宣传辛亥革命。

**1912年 8岁**

1月1日，南京临时政府成立，林长民为福建代表，任参议院秘书长。并与汤化龙等人在上海发起组织“共和建设讨论会”

4月13日，正式成立“共和建设讨论会”，拥在日的梁启超为领袖，电其归国。

10月27日，将“共和建设讨论会”、国民协会等团体合并，林长民参与组织民主党。

林长民住北京，全家由杭州移居上海，住虹口区金益里，徽因与表姐妹们入附近爱国小学，读二年级，并侍奉祖父。

**1913年 9岁**

是年，林长民被选为众议院议员，任秘书长。母亲何雪媛（1882~1972年，林长民第二夫人，浙江嘉兴人）带妹妹麟趾（后夭折）去北平，住前王公厂旧居，徽因留沪。

是年，林长民与第三夫人程桂林（上海人）成婚，一说1912年。

**1914年 10岁**

是年，林长民任北京政府国务院参事，全家迁居北京。

祖父林孝恂因胆石症病逝。

**1916年 12岁**

4月，袁世凯称帝后，全家迁居天津英租界红道路，林长民仍留北京。

5月，林长民去津，又同二娘程桂林回京。

秋，举家由津返京。

9月，在梁启超支持下，林长民参加并组织“宪法研究会。”

是年，林徽因与表姐们同入英国教会办的培华女子中学读书。

**1917年 13岁**

张勋复辟，全家迁居天津，唯徽因留京。后徽因同叔叔林天民至津寓自来水路，诸姑偕诸姊继至。林长民由宁归，独自回京。

7月17日，因支持段祺瑞讨伐张勋复辟，林长民被任命为司法总长。

8月，举家由津返京。

11月15日，“安福系”崛起，林不再受重视，辞司法总长之职。

**1918年 14岁**

3月24日，林长民与汤化龙、蓝公武赴日游历。家仍居北京南长街织女桥，徽因自信能编字画目录，及父归，阅之以为不适用，颇暗惭。但徽因料理家事，屡得其父褒奖。

是年，认识梁启超之子梁思成。

是年，成立国际联合协会中国分会，林长民是发起人之一，任协

会总干事，为国联事务常住欧伦。

**1919年 15岁**

是年，林长民任巴黎和会观察员，著书立说，抨击亲日派，反对日本承认德国在华权益。

是年，二娘程桂林生弟暄。

**1920年 16岁**

春，林长民赴英讲学，林徽因亦随父去读中学。

3月，林长民赴瑞开国联会，由法去英，居阿门二十七号。

7月，林徽因随父到巴黎、日内瓦、罗马、法兰克福、柏林等地旅行，9月回伦敦，以优异成绩考入St. Mary's College（圣玛莉学院）学习。

9月24日，徐志摩由美到英。

10月上旬，与在伦敦经济学院上学的徐志摩初次相遇。

**1921年 17岁**

是年，徐志摩与林徽因有论婚嫁之意。林谓必先与夫人张幼仪离婚始可。

8月，徽因随柏烈特全家赴英南海边避暑。林长民独居伦敦。

9月14日，租屋期满，因归期延至10月14日，徽因借住柏烈特家，林长民住他处。

10月14日，徽因随父由英赴法，乘“波罗加”船归国。

11~12月间，林长民、林徽因抵上海，梁启超派人接林徽因回北京，仍进培华女中读书，林长民暂居上海。

**1922年 18岁**

在培华女中读书。

3月，徐志摩赴柏林，经金岳霖、吴经熊作证，与张幼仪离婚。

春，林徽因、梁思成婚事“已有成言”，但未定聘。

9月，徐志摩乘船回国，10月15日抵达上海，不久北上来京，林、徐暂告不欢。

是年，二娘程桂林生弟垣。

**1923年 19岁**

在培华女中读书。

春，新月社在西单石虎胡同七号成立，林长民、林徽因等参加并祝贺。

5月7日，梁思成带梁思永骑摩托车去追赶“国耻日”游行队伍，至南长街口被一大轿车将左腿撞断，住协和医院。彼时林徽因到医院探望。7月出院后，终身留下残疾。

是年，林长民任宪法起草委员会委员，曹锟贿选总统时，他在沪参与反直运动。

是年，林徽因经常与表姐王孟瑜、曾语儿参加新月社俱乐部文学、游艺活动。

是年，林徽因毕业于培华女中，并考取半官费留学。

**1924年 20岁**

4月23日，印度诗哲泰戈尔来华访问，在日坛草坪讲演，林徽因搀扶上台，徐志摩担任翻译。文载：“林小姐人艳如花，和老诗人挟臂而行，加上长袍白面，郊荒岛瘦的徐志摩，犹如苍松竹梅的一幅三友图。”一时成为京城美谈。5月8日，为庆祝泰戈尔先生六十四诞辰，林徽因、徐志摩等在东单三条协和小礼堂演出泰翁诗剧《齐德拉》，林徽因饰公主齐德拉，徐志摩饰爱神玛达那。演出前，林徽因饰一古装少女恋望“新月”，以示新月社组织的这场演出活动。

泰戈尔在京期间，由林徽因、徐志摩等陪同，前往拜会了溥仪、颜惠庆。

6月，林徽因、梁思成、梁思永同往美国留学，7月7日抵达绮色佳康奈尔大学。林选户外写生和高等代数；梁选水彩静物画、户外写生和三角。

9月，结束康校暑期课程，林、梁同往宾夕法尼亚大学就读。

同月，梁思成母亲李惠仙病故。

是年，“有几个月（林徽因、梁思成）在刀山剑树上过活。比城隍庙十五殿里画出来还可怕，思成后来忏悔了。”

**1925年 21岁**

在宾大学习。

1月18日，林徽因与闻一多等在美参加“中华戏剧改进社”。

11月22日，郭松龄在滦州倒戈反奉，通电张作霖，林长民受邀为“东北国民车”政务处长。

12月24日，郭部兵败，林长民被流弹击中，死于沈阳西南新民屯，年49岁。

**1927年 23岁**

9月，林徽因结束宾大学业，得学士学位，后转耶鲁大学戏剧学院，在G.P.贝克教授工作室学习舞台美术半年。

12月18日，梁启超在北京为梁思成、林徽因的婚事“行文定礼”。

**1928年 24岁**

3月，结束舞美学业。

3月21日，林徽因与梁思成在加拿大温哥华姐姐家结婚。之后按照其父梁启超的安排，赴欧洲参观古建筑，于8月18日回京。

9月，梁思成、林徽因受聘于东北大学建筑系，分别为主任、教授。林徽因回福州探亲，受到父亲林长民创办的私立法政专科学校同人欢迎和宴请。

11月，梁启超病重住院，梁思成、林徽因赶赴北京。

**1929年 25岁**

1月19日，梁启超病故，梁思成、林徽因为其父设计墓碑。

8月，林徽因从东北回到北平，在协和医院生下其女儿，取名再冰，意为纪念已故祖父梁启超“饮冰室”书房雅号。

是年，张学良以奖金征东北大学校徽图案，林徽因设计的“白山黑水”图案中奖。

**1930年 26岁**

秋，徐志摩到沈阳，劝林徽因回北平治病。

12月，林徽因肺病日趋严重，协和医院大夫建议到山上静养。

**1931年 27岁**

3月，林徽因到香山双清别墅养病。先后发表诗《那一晚》《谁爱这不息的变幻》《仍然》《激昂》《一首桃花》《山中一个夏夜》《笑》《深夜里听到乐声》《情愿》及短篇小说《窘》。

9月，梁思成、林徽因应朱启钤聘请，离开东大，到中国营造学社供职。梁任法式部主任，林为“校理”。

秋，林徽因病愈下山。

11月19日，林徽因在协和小礼堂为驻华使节讲中国古代建筑。

同日，徐志摩为听林徽因学术报告，乘机遇雨触济南党家庄开山身亡。

11月22日，林徽因、梁思成得悉徐志摩坠亡，即以铁树、白花编制小花圈，梁思成遂与金岳霖、张奚若赶到徐遇难处处理后事。

同月，由林徽因等主持，在北平为徐志摩举行追悼活动。

12月7日，发表散文《悼志摩》。

**1932年 28岁**

元旦、正月初一，分别两次致胡适信。

6月中旬，林徽因再次到香山养病。

夏，林徽因、梁思成去卧佛寺、八大处等地考察古建筑，并发表《平郊建筑杂录》。

7~10月，作诗《莲灯》《别丢掉》《雨后天》。

8月，子从诫生。意为纪念宋代建筑学家李诫。

是年，在一次聚餐时林徽因结识美籍学人费正清、费慰梅夫妇。

1933年 29岁

是年，林徽因参加朱光潜、梁宗岱举办的文化沙龙，每月集会一次，朗诵中外诗歌和散文。

秋，林徽因与闻一多、余上沅、杨振声、叶公超等筹备并创办了《学文》月刊。

9月，林徽因同梁思成、刘敦桢、莫宗江去山西大同考察云冈石窟。

10月7日，发表散文《闲谈关于古代建筑的一点消息》。

11月，林徽因同梁思成、莫宗江去河北正定考察古建筑。

11月18日，发表诗《秋天，这秋天》。

同月，林徽因请萧乾、沈从文到北总布胡同谈《蚕》的创作。

12月，作诗《忆》。

1934年 30岁

1月，中国营造学社出版梁思成的《清式营造则例》一书，林徽因为该书写了《绪论》。

2月、5月，发表诗《年关》《你是人间四月天》 小说《九十九度中》。

年初，为叶公超主编的《学文》月刊一卷二期设计了富有建筑美的封面。

夏，林徽因、梁思成同费正清夫妇、汉莫去山西汾阳、洪洞等地考察古建筑。

9月5日，发表散文《窗子以外》。

10月，林徽因、梁思成应浙江建设厅邀请，到杭州商讨六和塔重修计划，之后又去浙南武义宣平镇和金华天宁寺做古建筑考察。

1935年 31岁

3月，林徽因与梁思成合著《晋汾古建筑预查纪略》一文。

6月，发表诗《吊玮德》、短篇小说《模影零篇：一、钟绿，二、吉公》

10月，作诗《灵感》《城楼上》。

11月19日，发表散文《纪念志摩去世四周年》冬，林徽因经常与费氏夫妇到郊外练习骑马。

**1936年 32岁**

1~11月，发表诗《深笑》《静院》《风筝》《记忆》《无题》《题剔空菩提叶》《黄昏过泰山》《昼梦》《八月的忧愁》《冥思》《空想外四章：你来了、“九一八”闲走、藤花前、旅途中》《过杨柳》《静坐》；散文《蛛丝和梅花》《究竟怎么一回事》；短篇小说《模影零篇：三、文珍》。

5月28日，林徽因、梁思成等去河南洛阳龙门石窟、开封及山东历城、章邱、泰安、济宁等处作古建筑考察。 9月，担任《大公报》文艺作品征文评委。

10月，在《平津文化界对时局的宣言》中，向国民党当局提出抗日救亡八项要求，林徽因为文艺界发起人之一，并在宣言上签名。

是年，选编《大公报文艺丛刊小说选》并为之作序。

**1937年 33岁**

1~7月，发表诗《红叶里的信念》《十月独行》《时间》《古城春景》《前后》《去春》；话剧《梅真同他们》；短篇小说《模影零篇：四、绣绣》。

是年，林徽因、梁思成应顾祝同邀请，到西安做小雁塔的维修计划，同时还到西安、长安、临潼、户县、耀县等处作古建筑考察。

7月，林徽因同梁思成、莫宗江、纪玉堂赴五台山考察古建筑，林徽因意外地发现榆次宋代的雨花宫及唐代佛光寺的建筑年代。

7月12日，林徽因一行到代县，得知发生“卢沟桥事变”，于是匆匆返回北平。

8月，林徽因一家从天津乘船去烟台，又从济南乘火车经徐州、郑州、武汉南下，9月中旬抵长沙。

11月下旬，日机轰炸长沙，林徽因一家险些丧生。不久，他们离开长沙，经常德、晃县、贵阳、镇宁、普安、曲靖到昆明。

**1938年 34岁**

1月，林徽因一家住昆明翠湖前市长巡律街住宅，不久，莫宗江、陈明达、刘志平、刘敦桢也到昆明，经与中美庚款基金会联系，组建营造学社西南小分队。

是年，作诗《昆明即景：一、茶铺，二、小楼》。

**1939年 35岁**

年初，因日机轰炸，林徽因一家搬至郊区龙泉镇麦地村。

2月5日，发表散文《彼此》。

6月28日，发表诗《除夕看花》。

冬，梁思成、刘敦桢等去云南、四川、陕西、西康等地作古建筑考察，林徽因为云南大学设计女生宿舍。

**1940年 36岁**

初冬，营造学社随史语所入川，林徽因一家亦迁四川南溪县李庄镇上坝村。不久，林徽因肺病复发，从此抱病卧床4年。

**1941年 37岁**

在李庄镇。春，三弟恒在对日作战中身亡。

**1942年 38岁**

春，作诗《一天》

是年，梁思成接受国立编译馆委托，编写《中国建筑史》，林徽因为写作《中国建筑史》抱病阅读二十四史，作资料准备。她写了该书的第七章，五代、宋、辽、金部分，并承担了全部书稿的校阅和补充工作。

11月4日，费正清、陶孟和从重庆溯江而上，去李庄访问林徽因、梁思成。

**1944年 40岁**

在李庄镇。

是年，作诗《十一月的小村》《忧郁》《哭三弟恒》。

是年，费慰梅到李庄访问林徽因。

**1945年 41岁**

在李庄镇。

8月，日本侵略者宣布无条件投降。

是年，梁思成陪林徽因到重庆检查身体，大夫告诉思成，徽因将不久于人世。

**1946年 42岁**

2月，林徽因在费慰梅陪同下乘机去昆明拜会西南联大校长梅贻琦，建议清华大学增设建筑系，住唐继尧后山祖居一座花园别墅，与张奚若、钱端升、金岳霖等旧友重聚。

7月31日，同西南联大教工由重庆乘机返回北平。为清华大学设计胜因院教师住宅。

10月，梁思成应聘赴美耶鲁大学作访问教授。

11月24日，发表散文《一片阳光》

是年，作诗《对残枝》《对北门街园子》。

**1947年 43岁**

夏，饱经欧战浸染的萧乾，由上海来清华园探望林徽因，二人长谈七年来各自的经历。

是年，作诗《给秋天》《人生》《展缓》《病中杂诗·小诗（一）、小诗（二）、写给我的大姊、恶劣的心绪》。

12月，做肾切除手术。

**1948年 44岁**

2月18日，作诗《我们的雄鸡》。

2~5月，发表诗《空虚的薄暮》《昆明即景》《年青的歌》《病中杂诗九首》《哭三弟恒》。

11月，国民党当局迫使北平高校南迁。清华园展开反迁校斗争，

林徽因说："我们不做中国的'白俄'。"

是年，大军攻城前夕，张奚若带两名解放军到林徽因家，请梁、林划出保护古建筑目标，为此深感新政权对他们的信任。

是年，叔林天民故。

**1949年 45岁**

北平解放，林徽因被聘为清华大学建筑系一级教授。

2月，为百万大军挥师南下，与梁思成等编印《全国重要文物建筑简目》。

春，送女儿再冰参加南下工作团。

7月，政协筹委会决定把国徽设计任务交给清华大学和中央美院。清华大学由林徽因、李宗津、莫宗江、朱畅中等七人参加设计工作。

**1950年 46岁**

6月，经过三个多月的努力，清华大学和中央美院设计的国徽图案完成并在中南海怀仁堂评选，经周总理广泛征求意见，清华小组设计图案以布局严谨、构图庄重而中选。

6月23日，林徽因被特邀参加全国政协一届二次会议。

9月30日，中央人民政府主席毛泽东发布国徽图案命令。

是年，林徽因被任命为北京市都市计划委员会委员兼工程师，提出修建"城墙公园"设想。

是年，妹燕玉故。

**1951年 47岁**

是年，为挽救濒于停业的景泰蓝传统工艺，抱病与高庄、莫宗江、常莎娜、钱美华、孙君莲深入工厂做调查研究，并设计了一批具有民族风格的新颖图案，为"亚洲及太平洋区域和平会议""苏联文化代表团"献上一批礼品，深受与会人员欢迎。

**1952年 48岁**

是年，梁思成、刘开渠主持设计人民英雄纪念碑，林徽因被任命为人民英雄纪念碑建筑委员会委员，抱病参加设计工作，与助手关肇邺一起，经过认真推敲，反复研究，终于完成了须弥座的图案设计。

5月，为迎接即将到来的建设高潮，林徽因、梁思成翻译了《苏联卫国战争被毁地区之重建》一书，并由上海龙门书局印行，为国家建设提供了借鉴。

是年，应《新观察》杂志之约，撰写了《中山堂》《北海公园》《天坛》《颐和园》《雍和宫》《故宫》等一组介绍我国古建筑的文章。

**1953年 49岁**

10月，当选为建筑学会理事；并任《建筑学报》编委。

是年，被邀参加第二届全国文代会，江丰在美术家协会的报告上，对林徽因和清华小组挽救景泰蓝的成果，给予了充分肯定和高度评价。

**1954年 50岁**

6月，林徽因当选为北京市人民代表大会代表。

秋，林徽因不抵郊外风寒，由清华园搬到城里去住。不久，因病情恶化住同仁医院。

**1955年 51岁**

4月1日6时20分，病逝于同仁医院。

4月2日，《北京日报》发表讣告，治丧委员会由张奚若、周培源、钱端升、钱伟长、金岳霖等13人组成。

4月3日在金鱼胡同贤良寺举行追悼会，遗体安放在八宝山革命公墓。